# Von Brei bis Fingerfood
## Babyernährung heute

# INHALT

**Selber essen:
Der Weg in eine neue (Geschmacks-)Welt** ............................ 4

    Nur das Beste für Ihr Baby: Die Zutaten .................................... 10

    Essen lernen – Schritt für Schritt .................................................. 17

    Breifrei: Das »Baby-led weaning« .................................................. 26

## Rezepte:

Brei und Püree ........................................................................... 28

Aufstriche ................................................................................... 50

(Haupt-)Gerichte ....................................................................... 60

Fingerfood & Snacks ................................................................. 78

Register ...................................................................................... 94

# SELBER ESSEN: DER WEG IN EINE NEUE (GESCHMACKS-)WELT

## DIE ERSTEN MONATE

»Unglaublich, wie groß das Kleine schon geworden ist!« Diesen Satz hören Sie sicher wöchentlich von Oma, Opa, Freunden, Nachbarn und Bekannten. Und tatsächlich werden die Bodys und Strampler von Tag zu Tag kürzer und auch enger. Kein Wunder, schließlich wächst ein Kind in den ersten Lebensmonaten rasend schnell. In nur wenigen Monaten verdoppelt es sein Geburtsgewicht. Dabei nimmt es ja erst einmal nichts anderes als Muttermilch oder Säuglingsmilch zu sich. Doch die enthält alle wichtigen Nährstoffe, die ein Baby für das gesunde Wachstum braucht.

## DER BEDARF VERÄNDERT SICH

Am Anfang trinkt ein Baby im Drei- bis Vier-Stunden-Takt. Manche wollen sogar alle zwei Stunden an die Brust oder verlangen lauthals nach dem Fläschchen. Erst um den vierten, fünften Lebensmonat herum kann das Kleine dann größere Mengen an Nahrung speichern – und damit werden auch die Abstände bis zum nächsten Stillen beziehungsweise Fläschchen größer. Die meisten Babys kommen nun mit vier bis fünf Mahlzeiten täglich aus (dazu fordern aber nicht wenige in der Nacht noch immer die Brust oder ein Fläschchen).

Je nachdem, wie offen und interessiert Ihr Baby schon für Neues ist, können Sie in diesem Alter nach und nach anfangen, die Milchmahlzeiten durch feine Breie oder spezielles Baby-Fingerfood zu ersetzen. Dadurch werden

# Babyernährung heute

Sie dem stetig wachsenden Nährstoffbedarf gerecht, denn Milch alleine würde für die Versorgung Ihres Babys bald nicht mehr ausreichen. Ein weiteres Argument für die ersten Breiversuche: Da ab dem zweiten Lebenshalbjahr der Saugreflex allmählich nachlässt und zudem die ersten Zähnchen einschießen, ist der Zeitpunkt zur Umstellung auf Beikost günstig. Denn Babys stecken jetzt ohnehin gerne alles in den Mund, um das juckende und schmerzende Zahnfleisch zu massieren und zu beruhigen. Nicht zuletzt erleichtert die Einführung von Beikost in diesem Alter später auch den Übergang zum normalen Familienessen. Denn je mehr Kinder kennenlernen, je vielfältiger ihr Speiseplan ist, desto eher werden sie zu »offenen« und besseren Essern. Und das wünschen sich doch alle Eltern.

### ESSEN WILL GELERNT SEIN

Auf der ganzen Welt stehen Eltern vor der Herausforderung, ihren Kindern »gesunde« Nahrung näherzubringen. Gar nicht so einfach, denn alle Kinder haben eines gemeinsam: die Vorliebe für Süßes. Warum ist das nur so? Ganz einfach: Der süße Geschmack ist quasi der Sicherheitspuffer der Evolution. Der Mensch wird mit einer Vorliebe für Süßes geboren, weil der süße Geschmack ein Hinweis darauf ist, dass die Nahrung nicht giftig ist. Ganz nach dem Motto: Wenn ich Süßes esse, kann mir nichts passieren. Doch süß ist bekanntlich nicht immer gesund. Daher ist es wichtig, dass Kinder so früh wie möglich andere Geschmacksrichtungen kennenlernen, damit sie nicht ihr Leben lang nur Süßes bevorzugen (was neben der starken Einseitigkeit ja auch Krankheiten wie Übergewicht und Diabetes begünstigt – von Karies ganz zu schweigen). Allerdings reagieren Babys erst einmal nicht gerade begeistert auf Bitteres, Saures und Salziges. Kein Wunder, sie kennen ja in ihrem jungen Alter auch nichts anderes als Mutter- oder Säuglingsmilch. Und sie verstehen nicht, warum die Milch, die ihnen immer wunderbar geschmeckt und sie so schön satt gemacht hat, jetzt plötzlich nicht mehr genügen soll.

### ODER DOCH LIEBER »BREIFREI«?

Auch Babys, die gerade erst von der Milch auf feste Nahrung umsteigen, können von Beginn an Spaß am Thema Essen haben und die verschiedenen Geschmäcker und Konsistenzen von Speisen kennenlernen. Mit breifreier Beikost können die kleinen Beikoststarter in ihrem eigenen Tempo gesunde Lebensmittel entspannt kennenlernen. Ein weiterer Vorteil ist, dass alle Familienmitglieder zur gleichen Zeit das Gleiche essen können. Es muss nicht extra für das Baby gekocht werden, vielmehr isst es Teile des Familienessens. Informationen für einen breifreien Start finden Sie ab S. 26: Es gibt viele Mahlzeiten, die Groß und Klein gleichermaßen gut schmecken.

# BEREIT FÜR BEIKOST?

Bis zum Alter von sechs Monaten können Sie Ihr Baby voll stillen oder mit Säuglingsmilch füttern. Mit Beginn des siebten Lebensmonats sollten Sie dann mit dem Zufüttern beginnen, um dem steigenden Energie- und Nährstoffbedarf Ihres Babys gerecht zu werden. Denn Drehen, Recken, Strecken und Entdecken benötigen mehr Energie, als wir Erwachsenen denken. Manche Kinder sind sogar schon mit fünf Monaten bereit für den Brei (vorher sollten Sie nicht damit beginnen). An den folgenden Signalen erkennen Sie, ob Ihr Schatz schon so weit ist oder ob Sie lieber noch ein paar Wochen warten:

- Ihr Baby weint selbst nach einer vollen Still- oder Milchmahlzeit und ist quengelig.
- Es nimmt alles, was es erwischen kann, in den Mund. Vor allem kaut es zunehmend an den Händen.
- Das Kind beobachtet Sie beim Essen neugierig und versucht, nach Ihrem Essen zu greifen.
- Nacht- und Tagschlaf werden unruhiger – vielleicht verlangt Ihr Baby auch nach mehr Milchmahlzeiten als in den letzten Wochen?
- Der Saugreflex lässt bei manchen Kindern nach, so kann auch langsam der Schluckreflex für festere Nahrung reifen.

Auf der anderen Seite sind Babys aber auch sehr neugierig und entdeckungsfreudig. Sie sind unvoreingenommen und beginnen immer mehr, Erwachsene und ältere Geschwister nachzuahmen. Nutzen Sie diesen Wissensdrang. Doch bedenken Sie: Erst nach und nach beginnen sich die Geschmacksvorlieben zu verändern. Kinder brauchen Zeit, um sich an die unterschiedlichen Speisen zu gewöhnen. Verlangen Sie nicht zu viel auf einmal von Ihrem Schatz.

Lassen Sie daher die ersten Breie ruhig süßlich schmecken. Hat sich der Nachwuchs an diesen Geschmack gewöhnt, können Sie dann ein anderes Aroma ausprobieren.

Ganz wichtig ist auch, dass Sie nicht einfach abrupt aufhören, zu stillen oder das Fläschchen zu geben. Anfangs wird das Baby nur ein paar Löffelchen Brei essen. Das ist schon eine tolle Leistung. Den restlichen Hunger darf es dann wie gewohnt mit Milch stillen.

## DIE VIER PHASEN DES ESSENLERNENS

Die schrittweise Einführung von Beikost nach dem vierten Monat lässt sich in vier Phasen unterteilen. Dabei wird in den nächsten Monaten Schritt für Schritt eine Milchmahlzeit durch einen Brei ersetzt. Das Forschungsinstitut für Kinderernährung (FKE) empfiehlt folgende Reihenfolge:

- Die Milchmahlzeit mittags wird als Erste ersetzt: zunächst durch einen Gemüse-, etwas später dann auch durch einen Gemüse-Fleisch- oder Gemüse-Fisch-Brei.
- Nach ein paar Wochen, wenn das Baby die Mittagsbreimahlzeit akzeptiert hat, wird abends nach und nach ein Milch-Getreide-Brei eingeführt.
- Isst das Baby auch den Abendbrei, füttern Sie im nächsten Schritt nachmittags einen Getreide-Obst-Brei.
- Zuletzt wird die Milchmahlzeit am Morgen durch eine Brotmahlzeit oder ein feines Babymüsli ersetzt. Gegen Ende des zehnten Monats bis zu Beginn des zweiten Lebensjahres kann Ihr Baby dann langsam am Familienessen teilnehmen.

## JEDES BABY IST UND ISST ANDERS!

Die schrittweise Einführung der unterschiedlich zusammengesetzten Breie stellt sicher, dass Ihr Baby mit allen wichtigen Nährstoffen wie Eisen, Eiweiß, Kalzium und Vitaminen versorgt wird. Allerdings sind die vier Phasen für die Einführung der Beikost lediglich Richtwerte. Nur Sie und Ihr Baby allein können entscheiden, wann Sie mit dem ersten Brei starten wollen und wann es Zeit ist, mit der nächsten Phase weiterzumachen. Achten Sie dabei immer auch auf die Signale Ihres Kindes. Wenn es tagelang nur einen bestimmten Brei essen möchte und alles andere ablehnt, sollten Sie dies akzeptieren. Je älter und essfreudiger Ihr Kleines wird, desto mehr können Sie ausprobieren. Auch die Konsistenz der Breie darf dann fester und stückiger werden. Manche Kinder sind sogar schon recht früh dazu bereit, mit den Fingerchen zuzugreifen und am Essen zu lutschen oder zu knabbern. Verhindern Sie dies nicht, sondern unterstützen Sie Ihr Baby in seiner Selbstständigkeit. Vertrauen Sie dabei auf Ihr Gefühl: Sie müssen keine Regelwerke und Normen erfüllen, sondern dürfen selbst entscheiden. Lesen Sie sich ein bisschen in das Thema ein und freuen Sie sich auf das, was kommt. Es ist ein neuer und wichtiger Schritt in Richtung Kleinkind, den Sie von nun an gemeinsam mit Ihrem kleinen Schatz gehen. Machen Sie ruhig auch Zugeständnisse an das Bedürfnis Ihres Kindes: Wenn ein Dreijähriger zum Beispiel ab und an vor dem Schlafengehen auch noch eine Flasche Milch trinkt, muss man sich darüber nicht aufregen. Solange er nicht ewig daran herumnuckelt macht er sich seine Zähne nicht kaputt. Wenn ihn das am Abend beruhigt und er besser schlafen kann – bitte! Geben wir unseren Kindern doch einfach, was sie zum Glücklichsein brauchen.

# DIE VIER PHASEN DER BEIKOSTEINFÜHRUNG

**Phase 1: 5. bis 6. Monat**
*Die ersten vier bis sechs Wochen*

**Frühstück:**
Muttermilch/Säuglingsmilch

**Zwischenmahlzeit:**
Muttermilch/Säuglingsmilch

**Mittagessen:**
1. Schritt: Gemüsebrei (am Anfang am besten Pastinake oder Möhre)
2. Schritt (nach ca. 3–4 Tagen): Gemüse-Kartoffel-Brei (auch neue Gemüse wie Fenchel oder Zucchini)
3. Schritt (nach weiteren 3–4 Tagen): Fleisch-Gemüse-Brei (mageres Huhn, Rind, Lamm oder auch Fisch)
Wichtig: Immer einen Teelöffel Öl und bei Fleisch außerdem 30 Milliliter Apfel- oder Orangensaft beimengen.

**Zwischenmahlzeit:**
Muttermilch/Säuglingsmilch

**Abendessen:**
Muttermilch/Säuglingsmilch

**Phase 2: 7. bis 8. Monat**
*Die nächsten vier Wochen*

**Frühstück:**
Muttermilch/Säuglingsmilch

**Zwischenmahlzeit:**
Muttermilch/Säuglingsmilch

**Mittagessen:**
Gemüsebrei, Gemüse-Kartoffel-Brei oder Fleisch-Gemüse-Brei; probieren Sie neue Gemüsesorten aus wie Brokkoli, Blumenkohl oder Süßkartoffeln. Ersetzen Sie Kartoffeln durch Reis.

Als ersten Nachtisch etwas reines Obstmus ausprobieren. Bestens geeignet sind Birne, Apfel und Banane.

**Zwischenmahlzeit:**
Muttermilch/Säuglingsmilch

**Abendessen:**
Milch-Getreide-Brei (Vollmilch oder Säuglingsmilch, Reisflocken, Haferflocken, Grieß, Hirse, Dinkel)

Babyernährung heute

| Phase 3:<br>Ab dem 8. Monat | Phase 4:<br>Ab dem 10., 11. oder 12. Monat |
|---|---|
| **Frühstück:**<br>Muttermilch/Säuglingsmilch<br>Für Neugierige:<br>Das erste Brot/Fingerfood | **Frühstück:**<br>Brot mit Butter oder selbst gemachtem Aufstrich, feines erstes Baby-Müsli |
| **Zwischenmahlzeit:**<br>Muttermilch/Säuglingsmilch | **Zwischenmahlzeit:**<br>Klein geschnittenes Obst, Cracker (ohne Salz), Reiswaffeln, Brötchen oder Breze |
| **Mittagessen:**<br>Bunte, stückigere Breie mit Kartoffeln, Reis, Nudeln, Getreide, Gemüse, Fleisch und Fisch | **Mittagessen:**<br>Fingerfood (ab Seite 60 bzw. Seite 78), Familienessen in kleinen Stücken |
| **Zwischenmahlzeit:**<br>Obst-Getreide-Brei: Am Anfang mit Birne, Apfel und Banane; mit etwa neun Monaten schmecken den meisten Kindern auch schon Aprikose, Pflaume und Nektarine. | **Zwischenmahlzeit:**<br>Obstmus<br>Frisches Obst |
| **Abendessen:**<br>Milch-Getreide-Brei<br>Das erste Brot knabbern | **Abendessen:**<br>Belegtes Brot, Nudeln, Kartoffeln, Rührei, Rohkost zum Knabbern oder Familienessen in kleinen Stücken |

Von Brei bis Fingerfood

# NUR DAS BESTE FÜR IHR BABY: DIE ZUTATEN

Was in den vergangenen Monaten die Muttermilch oder Säuglingsnahrung erledigt hat, müssen nun die verschiedenen Zutaten übernehmen: Sie sichern die ausreichende Versorgung mit allen nötigen Nährstoffen, damit Ihr Sprössling sich weiterhin so prächtig entwickelt wie bisher.

Ein Baby braucht vom 5. bis zum 12. Lebensmonat zwischen 500 und 700 Kilokalorien pro Tag – je nachdem, wie groß und aktiv es schon ist. Dabei ist vieles auch eine Sache des Temperaments: Manche Kinder sind von klein an wahre Rabauken, andere eher stille Typen. Abgesehen davon kann sich der Bedarf von einem Tag auf den anderen ändern: Steckt Ihr Kind mitten in einem Wachstumsschub, ist es nicht ungewöhnlich, dass es für einige Tage ständig hungrig ist. Sobald es wieder eine Wachstumspause einlegt, isst es vielleicht eher wie ein Spatz.

Wichtig ist, dass die Mahlzeiten genug Energie enthalten. Denn die braucht Ihr Kind, um zu wachsen und die Welt zu entdecken. Dabei bleibt Fett Energiespender Nummer eins. Und Fett im Essen ist auch deshalb wichtig, weil der Körper viele Vitamine sonst nicht aufnehmen kann. Das bedeutet aber nicht, dass das Essen zu fettreich sein sollte – schließlich soll Ihr Kind ja kein Pummelchen werden. Acht Gramm Fett pro Mahlzeit reichen daher aus. In einem reinen Gemüsebrei reicht dazu schon ein Teelöffel Rapsöl. Bei Mahlzeiten mit Fleisch oder Fisch ist es noch weniger, weil diese Zutaten von sich aus schon Fett enthalten.

Die beiden anderen wichtigen Hauptnährstoffe sind Kohlenhydrate und Eiweiße. Der Bedarf daran lässt sich durch Gemüse, Getreide, Obst, Fleisch und Fisch decken.

### ALLES BIO ODER WAS?

Viele Eltern stehen vor der Frage: Bio oder nicht bio? Für bio spricht beispielsweise der Verzicht auf Pflanzenschutzmittel, die dem empfindlichen Verdauungssystem der Kleinen zusetzen können. Es gibt zudem die landläufige Meinung, dass Bioprodukte mehr Vitamine, Mineralstoffe und vor allem mehr sekundäre Pflanzenstoffe enthalten als konventionell erzeugte Lebensmittel. Bioprodukte sind zwar teurer, allerdings bieten heute auch schon viele Discounter »bio« an – sie sind meist günstiger als die klassischen Biomärkte oder Reformhäuser. Mein Tipp zu diesem Thema: Bei Obst und Gemüse muss es nicht immer bio sein. Kaufen Sie aber möglichst regionale und der Saison entsprechende Lebensmittel. Auch viele Supermärkte bieten mittlerweile klar deklarierte Lebensmittel aus der Region an. Bei tierischen Produkten sollten Sie dagegen besser zu bio greifen. Hier weiß man einfach, dass die Tiere artgerecht gehalten wurden und dass sich in Fleisch, Milch oder Eiern keine Rückstände von Medikamenten, Hormonen und anderen Schadstoffen finden. Denn Biolandwirte müssen sehr hohe Auflagen erfüllen.

Egal ob bio oder nicht: Wichtig ist, dass Sie Obst und Gemüse vor der Verarbeitung gut mit lauwarmem Wasser abwaschen. Optimal ist es, wenn Sie es anschließend – sofern möglich – ungeschält verarbeiten. Denn genau unter der Schale befinden sich nun mal die meisten Vitamine.

### TRINKEN NICHT VERGESSEN!

Sobald Ihr Baby die ersten Löffelchen Brei verputzt und Sie nicht mehr nach jeder Breimahlzeit stillen, sollten Sie ihm zum Essen immer auch etwas zu trinken anbieten. Und zwar nicht aus dem Fläschchen, sondern aus der Schnabeltasse. Es dauert wahrscheinlich etwas, bis das Baby herausgefunden hat, wie man daraus trinkt. Und am Anfang wird es sich eventuell ein bisschen verschlucken oder die Hälfte wieder aus dem Mund spucken. Die Mengen sind einfach anders als jene, die aus Brust oder Fläschchen kommen. Aber Sie werden sehen, bald klappt es wie am Schnürchen. Allerdings sollte der Aufsatz für die Schnabeltasse anfangs weich sein. Die harten Aufsätze kommen erst mit etwa einem Jahr zum Einsatz. Vielleicht braucht Ihr Baby sie auch gar nicht. Wenn es motorisch schon gut entwickelt ist, können Sie ihm nämlich bereits ab dem 8. Monat beibringen, aus einem ganz normalen Becher zu trinken. Überstürzen Sie hier aber nichts, sondern warten Sie, bis Ihr Kind so weit ist. Zu schnell sind die Klamotten pitschnass.

Wenn Ihr Kleines ungern aus Becher oder Lerntasse trinken möchte, können Sie es auch einmal mit dem Strohhalm versuchen. Nach kürzestem Lernen geht das meist wunderbar und Ihr Kind trinkt mit Freude.

### WIE VIEL MUSS EIN BABY TRINKEN?

Bis zum ersten Geburtstag reichen ca. 200 Milliliter Flüssigkeit am Tag, wenn Sie nebenher noch stillen. An heißen Sommertagen darf es natürlich auch mehr sein.

Babys vergessen vor lauter Entdeckungsdrang schnell ihren Durst. Bieten Sie ihm daher regelmäßig etwas zu trinken an oder stellen Sie die Trinklerntasse an einen Ort, den Ihr Baby

---

**BITTE KEINEN HONIG!**

Im ersten Lebensjahr darf Ihr Baby keinen Honig essen. Denn in ihm können Sporen des Bakteriums *Clostridium botulinum* enthalten sein. Diese Keime bilden in dem sensiblen Darmtrakt eines Babys starke Gifte, die wiederum zu schweren Lähmungserscheinungen führen können.

> **WIE GUT IST IHR LEITUNGSWASSER?**
>
> Fragen Sie bei Ihrem Wasserversorgungswerk nach den Werten von Uran- und Nitrat im Leitungswasser. Liegt der Uranwert unter 2 Mikrogramm/Liter und der Nitratwert unter 10 Milligramm/Liter, ist das Wasser auch für Ihr Baby gut genug.

bei Bedarf selbst gut erreichen kann. Achten Sie aber darauf, dass es die Trinklerntasse nicht zum Nuckeln nimmt. Dauernuckeln kann zu Kieferfehlstellungen führen. Ganz abgesehen von der Kariesgefahr, die besteht, wenn die Zähne ständig umspült werden. Selbst Wasser und ungesüßten Tee sollte Ihr Kind nicht »dauernuckeln«. Denn dadurch wird der Speichel stark verdünnt, wodurch er seine schützende und remineralisierende Funktion verliert. Tee enthält zudem Säure, welche die empfindlichen Zähne angreifen kann.

## DIE BESTEN DURSTLÖSCHER

Gewöhnen Sie Ihr Baby von Anfang an daran, stilles Wasser, Leitungswasser oder ungesüßte Tees zu trinken. Milde Sorten wie Fenchel, Kamille oder Malve sind dabei ideal. Wenn Sie noch mehr Abwechslung auf den Tisch bringen wollen, können Sie es auch einmal mit diesen beiden leckeren »Babydrinks« versuchen:
- Schneller Winter-Orangen-Tee: Für eine Tasse pressen Sie ½ Orange aus und gießen den Saft mit 200 Milliliter heißem Wasser auf. Auf Trinktemperatur abkühlen lassen.
- Frische Sommer-Baby-Bowle: Geben Sie 1 Stängel frische Minze mit 5 zerdrückten Erdbeeren in ein Glas und gießen Sie mit 200 Milliliter kaltem Wasser auf.
- Lieber Finger weg heißt es dagegen bei handelsüblichem Fertigteegranulat. Es ist meist gezuckert und fördert dadurch Karies. Das gilt umso mehr, wenn ein Kind aus dem Fläschchen trinkt.

Wenn Ihr kleiner Schatz weder Fruchtsaft noch zuckerhaltige Tees kennenlernt, wird er seinen Durst lange Zeit gerne mit gesunden Getränken stillen. Limonade und Co. »entdecken« Kinder noch früh genug. Das lässt sich (leider) nicht vermeiden.

## SO KLAPPT'S MIT DEM ESSEN

Machen Sie es Ihrem Baby beim Essenlernen so angenehm und gemütlich wie möglich. Für einen Hochstuhl ist es noch zu klein, schließlich kann es noch nicht selbstständig sitzen. Viele Eltern behelfen sich daher mit einer Wippe. Die meisten Hebammen allerdings empfehlen, das Baby besser auf dem Schoß zu halten. Auch auf das Risiko hin, dass Ihnen das Kleine blitzschnell den Löffel aus der Hand feuert und das Essen überall landet – nur nicht in seinem Mund. Dann müssen eben wieder die oft beschworenen Putztücher zum Einsatz kommen.

## DIE ERSTEN HÄPPCHEN

Wenn Sie mit der Beikost beginnen, wird Ihr Baby erst einmal nur winzige Mengen Brei essen. Und ein paar Löffelchen reichen auch völlig aus. Essen soll ja erst einmal wie ein Spiel sein. Steigern Sie die Mengen nach und nach. Sie werden bald merken, dass Ihr Baby mehr will, wenn es ihm richtig schmeckt. Bis dahin stillen Sie es nach dem Essen wie gewohnt. Erst wenn

## ESSEN UNTERWEGS

Zu Beginn ist es praktisch und entspannt, wenn Ihr Baby sein Breichen zu Hause essen kann. Es kommen aber Zeiten, in denen Sie flexibler sein möchten und Babys Hunger auch mal unterwegs gestillt werden muss.

- Sie können gekühlten Brei in einer (kleinen) Thermosflasche transportieren und diesen dann bei der Freundin oder im Restaurant gut erhitzen, um Bakterien abzutöten. Vor dem Füttern wieder abkühlen lassen! Oder heißen Brei in die Thermosflasche füllen – so hält er mehrere Stunden lang warm.

- Für einen schnellen Brei im Restaurant: Zwei Dinkelzwiebäcke in etwas warme Milch oder Tee rühren, eine reife Banane (auch Mango oder Birne) dazu geben und mit einer Gabel fein zerdrücken.

- Etwas ältere Babys können ihr Fingerfood schon aus der Brotzeitbox knabbern – etwa dünn geschnittenes, weiches Brot mit feiner Wurst belegt. Auch junger Gouda in kleine Würfel geschnitten, Hackfleischbällchen oder Gurkensticks sind ein leckerer Snack.

- Ganz pur: Eine reife Avocado schmeckt wunderbar als Mus.

- In vielen Drogeriemärkten gibt es Obstmus ohne Zusatzstoffe praktisch verpackt zum Selber-Trinken – die meisten in Bioqualität. Die schmecken wirklich jedem Kind.

es ein ganzes Schüsselchen Brei verputzt, können Sie die Milch weglassen. Genauso verfahren Sie bei allen anderen Mahlzeiten (Mittagsbrei, Abendbrei, Nachmittagsbrei, Frühstück), bis Ihr Baby ganz abgestillt ist.

Gerade am Anfang sollten Sie außerdem darauf achten, dass der Brei fein püriert und relativ flüssig ist. Kleine Stückchen landen sonst direkt wieder draußen. Pürierter Fisch und püriertes Fleisch können den Brei ein wenig faserig machen. Wenn Ihr Baby das nicht mag, können Sie den Brei vor dem Füttern noch einmal durch ein feines Sieb drücken. Wenn Ihr Baby gerne Brei isst und vielleicht sogar schon die ersten Zähnchen herausblitzen, darf der Brei langsam ein bisschen stückiger werden. Ihr Baby wird sich über das neue Kaugefühl freuen. Die Temperatur müssen Sie übrigens nicht jedes Mal ganz genau messen. Nur zu heiß und zu kalt sollte der Brei nicht sein. Schön lauwarm schmeckt es Babys am besten.

## WANN GIBT'S ESSEN?

Füttern Sie Ihr Baby wenn möglich immer zu einer festen Uhrzeit. Wenn Sie diese in etwa Ihrem eigenen Tagesrhythmus anpassen, können Sie von Anfang an gemeinsam am Familientisch essen und genießen.

Wenn Sie planen, Ihr Baby bald in eine Kinderkrippe zu geben, sollten Sie sich schon im Vorfeld kundig machen, um wie viel Uhr man dort zu Mittag isst. Richten Sie dann Ihre Essenszeiten von Anfang an danach. So gewöhnt sich Ihr Kind schon früh an diesen Rhythmus und muss sich später nicht mehr auf neue Essenszeiten umstellen.

## TELLER & CO.

Als Geschirr für den Babybrei eignet sich am besten ein tiefer Plastikteller. Auch wenn Ihr Baby später beginnt, selbst zu löffeln, ist Plastik die erste Wahl. Denn (fast) nichts macht ihm dann mehr Spaß, als Dinge vom Kindersitz auf den Boden fallen zu lassen.

Verwenden Sie einen langen, biegsamen Silikonlöffel zum Füttern. Harte, sperrige Plastiklöffel sind einfach nicht für Babys Mündchen geeignet und erleichtern das Schluckenlernen dadurch keineswegs.

Machen Sie den Löffel schön voll, denn nur wenn der Mund gut gefüllt ist, löst das beim Baby den Schluckreflex aus. Klitzekleine, tropfengroße Probierportionen schieben die meisten dagegen mit der Zunge wieder aus dem Mund. Aber zum Glück gibt es ja Lätzchen. Sehr praktisch sind übrigens jene Modelle, die man dem Baby über die Arme streift; so ist möglichst viel Kleidung vor Klecksen geschützt. Apropos Kleidung: Achten Sie unbedingt darauf, dass am Bauch nichts kneift und drückt. Denn dann mag Ihr Baby sein Bäuchlein bestimmt nicht noch zusätzlich mit Essen füllen. Bequeme Kleidung ist also sehr wichtig, auch wenn sie bisher nur selten mit dem Erfolg oder Misserfolg beim Füttern in Zusammenhang gebracht wurde.

## VORSICHT AM TISCH

Stellen Sie niemals heiße Speisen und vor allem keine heißen Getränke in die Reichweite eines Babys oder Kleinkindes. Schnell greifen die Zwerge zu und können sich so schwerste Verbrennungen zuziehen. Achten Sie auch im Café und Restaurant darauf. Meist sitzen die Kleinen dort auf Mamas oder Papas Schoß und die Bedienungen platzieren den heißen Kaffee direkt vor Ihnen und Ihrem Baby. In Sekunden kann es dann zu schlimmen Unfällen kommen!

## UND NOCH EIN LÖFFELCHEN FÜR …

An sich ist es völlig egal, wer das Baby füttert. Da Mama die Sache bestimmt nicht immer übernehmen kann, ist es gut, wenn sich das Kleine von Anfang an auch an andere »Anbieter« gewöhnt. Dabei wird es jeder anders machen: Papas lassen bestimmt ein paar Flugzeuglöffel mehr landen und auch Omas haben tolle Tricks mit dem Löffelchen drauf. Hauptsache, sie spielen nicht zu viel mit dem Essen, sonst gewöhnt sich Ihr Kind daran und fordert jedes Mal ein kleines Theaterstück ein.

Bei uns Müttern muss es hingegen oft etwas effektiver sein – und vielleicht funktioniert es ja gerade deshalb meist ganz gut. Das heißt aber

# Babyernährung heute

nicht, dass es nicht auch viele frustrierte Mütter gibt, die mit der Beikosteinführung einfach nicht klarkommen. Wenn das Baby streikt – und das nicht nur ein paar Tage lang –, dann kann einem das Thema Brei gehörig auf die Nerven gehen. Alles ist schmutzig, das Essen klebt auf dem Tisch, dem Stuhl und dem Boden, in Babys und Mamas Haaren – und sogar die Wände kriegen (meist knallorangefarbene) Flecken ab. Bleiben Sie trotzdem am Ball. Atmen Sie immer wieder ruhig durch und schmeißen Sie nicht das Handtuch. Zeigen Sie Ihren Frust nicht offen, sonst ist das Thema Essen schnell negativ belegt.

Irgendwann lernt auch Ihr Baby zu essen. Noch haben es alle geschafft, das eine früher, das andere eben ein bisschen später. Das ist ganz normal. Nur weil eine Freundin aus der Krabbelgruppe schwärmt, wie sehr ihr Sohn Brei liebt, heißt das noch lange nicht, dass das bei Ihrem Baby auch so sein muss. Bleiben Sie locker und denken Sie nicht zu viel über das Thema Essen nach. Geben Sie Ihrem Kleinen einfach wieder Brust oder Fläschchen. Und dann versuchen Sie es in ein paar Wochen aufs Neue.

## ALLERGIE? NEIN DANKE!

Bestimmt haben auch Sie sich schon Gedanken darüber gemacht, ob Ihr Baby alle Nahrungsmittel verträgt. Was könnten Sie selbst tun, wenn es auf irgendetwas allergisch reagieren würde? Und weil es jeden treffen kann, ist das Thema Allergie auch wirklich wichtig. Darf man von Anfang an Möhrchen füttern? Ab wann darf ein Baby Kuhmilch trinken oder sollte man im ersten Lebensjahr besser ganz auf sie verzichten? Wie sieht es mit Getreide und Fisch aus? Wäre es nicht besser, all diese Nahrungsmittel sicherheitshalber zu meiden?

## RUHIG AUSPROBIEREN

Lange Zeit warnten Ärzte und Ernährungsexperten ganz strikt vor bestimmten Nahrungsmitteln wie Möhrchen, Fisch und Kuhmilch, weil sie möglicherweise Allergien auslösen könnten. Die einstimmige Empfehlung lautete: Lieber weglassen und auf Nummer sicher gehen. Denn die klassische Lebensmittelallergie ist eine Überreaktion des Immunsystems auf kleinste Mengen eines Lebensmittels. Der Körper reagiert dann auf eigentlich harmlose Reize wie auf einen Krankheitserreger.

Die neuesten wissenschaftlichen Erkenntnisse geben jedoch Entwarnung. Und das Forschungsinstitut für Kinderernährung in Dortmund (FKE) geht sogar davon aus, dass diese Nahrungsmittel in kleinen Mengen wie eine »Impfung« gegen die jeweilige Allergie wirken können. Das bedeutet:

## MÖGLICHE HINWEISE AUF EIN ALLERGIERISIKO

Treten folgende Symptome immer wieder auf, können sie ein Warnzeichen für eine Allergie sein:
- Bauchschmerzen
- Blähbauch
- Durchfall
- Übelkeit
- Hautausschlag
- stete Gewichtsabnahme

In diesem Fall sollten Sie rasch einen Termin beim Kinderarzt ausmachen beziehungsweise nach einem Gespräch mit dem Arzt einen Allergologen aufsuchen. Durch Blutuntersuchungen oder Hauttests lässt sich nachweisen, ob tatsächlich eine Allergie besteht. Allerdings findet man immer nur das, wonach man sucht. Der Prozess kann für Kinder daher mühsam sein. Umso wichtiger ist es, stets darauf zu achten, wie Ihr Kind auf die Einführung eines neuen Lebensmittels reagiert.

Das Risiko, eine Allergie zu entwickeln, ist umso geringer, je größer das Angebot an den unterschiedlichsten Nahrungsmitteln ist. Es ist ein bisschen so wie mit den Kindern, die entspannt im Dreck buddeln dürfen oder das Taschentuch des großen Bruders benutzen und deren Immunsystem dadurch nicht schwächer, sondern stärker wird: Der frühzeitige Kontakt mit bisher als allergieauslösend eingestuften Nahrungsmitteln ist also nicht gefährlich, sondern kann im Gegenteil sogar der Allergieprävention dienen. Und so dürfen von Anfang an kleine Portionen Möhrchen, Fisch, Weizen, Hafer, Roggen, Gerste und Dinkel auf den Tisch. Selbst Kuhmilch gilt ab dem 6. Monat in kleinen Mengen im Brei als unbedenklich. Bis zu 200 Milliliter dürfen es laut FKE dann bis zum Ende des ersten Lebensjahres sein.

### WENN MAMA ODER PAPA SELBST EINE ALLERGIE HABEN

Die neuen Empfehlungen gelten allerdings nur, solange nicht bereits ein Allergiker in der Familie lebt. Reagieren Sie selbst oder Ihr Partner allergisch auf bestimmte Lebensmittel, steigt das Risiko, dass Ihr Nachwuchs ebenfalls eine Nahrungsmittelallergie entwickelt, auf bis zu 80 Prozent. In diesem Fall sollten Sie vorsichtiger sein: Halten Sie die Palette der Nahrungsmittel eher eng und erweitern Sie sie nur Schritt für Schritt. Falls eine Allergie auftritt, können Sie so den Auslöser schneller identifizieren. Besonders vorsichtig sollten Sie bei eiweißreichen Lebensmitteln sein, wie etwa Nüssen, Fisch, Milch- und Sojaprodukten. Denn Eiweiße lösen besonders häufig Allergien aus.

Reagiert ein Elternteil so stark auf ein bestimmtes Lebensmittel (beispielsweise auf Erdnüsse), dass nach dem Verzehr ein allergischer Schock droht? Dann sollte auch das Baby dieses Nahrungsmittel erst einmal konsequent meiden. Eltern sollten in diesem Fall immer erst mit dem Kinderarzt sprechen, um sich so gut wie möglich vor gesundheitlichen Gefahren abzusichern. Versuchen Sie dennoch, sich zu entspannen. Trotz aller Vorsicht sollte Essen Ihnen und Ihrem Baby Spaß machen.

# ESSEN LERNEN – SCHRITT FÜR SCHRITT

Was zu Beginn ein wenig schwierig scheint, ist schon bald ein Kinderspiel – Mündchen aufsperren, leckeren Brei schmecken und ein sattes Bäuchlein genießen!

**PHASE 1: BABYS ERSTER MITTAGSBREI – 5. BIS 6. MONAT**
Ihr Baby ist alt genug und zeigt Interesse an Ihrem Essen? Dann kann es losgehen mit der Beikost. Besorgen Sie junge Möhrchen oder Pastinaken und kochen Sie den ersten Gemüsebrei!

**Immer her mit dem Gemüse**
Der Kindergaumen ist sehr empfindlich und muss sich erst nach und nach an die vielen neuen Geschmackseindrücke gewöhnen, welche die unterschiedlichen Lebensmittel mit sich bringen. Schließlich kennt er bisher nichts anderes als die Muttermilch oder die Säuglingsnahrung. Wenn Sie Ihrem Kind zu viele Aromen anbieten, ist sein Geschmackssinn überfordert. Kein Wunder, dass der mit Mühe gekochte Babybrei trotz liebevoll zusammengestellter Zutaten dann kategorisch abgelehnt wird.
Experten empfehlen für den Anfang daher einen einfachen Möhrenbrei. Er schmeckt wunderbar süß und das lieben Babys. Beginnen Sie mit ein bis zwei Löffelchen – das genügt völlig. Außerdem ist sicherlich bereits diese winzige Menge für Sie beide eine Herausforderung. Denn am Anfang schiebt Ihr Kleines ziemlich sicher den Brei mit der Zunge wieder aus dem Mund. Auch Essen will gelernt sein.
Sobald Ihr Baby mehrere Löffel Brei ohne Proteste schluckt – bei manchen Kindern ist dies bereits nach ein paar Tagen der Fall, andere brauchen dafür eine Woche –, können Sie einen Möhren-Kartoffel-Brei mit einem Tröpfchen Öl zubereiten. Probieren Sie nach und nach immer mehr Rezepte aus. So lernt Ihr Baby verschiedene Geschmacksrichtungen lieben. Sie werden sehen: Die Vielfalt, die Sie Ihrem Kind anbieten, wird ihm auch in Zukunft Lust auf mehr machen. Sie fördern also von Anfang an Neugier und Akzeptanz gegenüber neuen Speisen.
Gehen Sie behutsam vor und lassen Sie Ihrem Kind genügend Zeit. Verwenden Sie anfangs keine zu aromatischen Gemüsesorten. Mild und verträglich sind etwa Pastinake, Zucchini, Brokkoli, Kürbis und Fenchel. Salz und andere Gewürze sind unnötig, das brauchen Babys noch nicht (auch wenn der Brei für unseren Erwachsenengeschmack wirklich fad schmeckt). Zudem belastet Salz die kindlichen Nieren und entzieht dem Körper zu viel Flüssigkeit.

## Hilfe, mein Baby mag nicht …

So einfach die Umstellung von Milch auf Brei in der Theorie auch klingen mag: Im echten Leben verläuft sie nicht immer so reibungslos, wie Sie es eben gelesen haben. Jedes Kind ist anders. Die einen stürzen sich gierig auf die ersten Löffelchen, reißen bereitwillig ihre Münder auf und behalten (fast) alles im Mund. Bei den anderen klappt es weniger gut; sie spucken mehr heraus, als reingekommen ist. Und manche Babys machen den Mund auch erst gar nicht auf. Sie sind einfach noch nicht bereit für den Brei. Gehört auch Ihr Kleines zu dieser Fraktion? Ärgern Sie sich nicht, sondern legen Sie die Möhrchen für ein paar Wochen beiseite und probieren Sie es dann aufs Neue.

Und auch das ist keine Seltenheit: Das Kind isst seinen Möhren- oder Pastinake-Kartoffel-Brei voll Leidenschaft, verweigert aber alle anderen Sorten. Machen Sie sich keine Sorgen, auch das ist völlig normal. Kinder sind (nicht nur was ihre Essgewohnheiten angeht) absolut konservativ und wollen am Bekannten festhalten. Und noch ist kein Kind aufgrund der Einseitigkeit verhungert. Seien Sie geduldig und bieten Sie immer wieder einen anderen Brei an. Immer ein kleines Löffelchen zum Probieren. Steter Tropfen höhlt den Stein. Irgendwann ist dieser andere Brei dem Kind dann gar nicht mehr so unbekannt und der nächste Löffel folgt von selbst.

## Weiter geht's mit Fleisch und Fisch

Wenn Ihr Baby seinen Gemüsebrei akzeptiert, können Sie langsam eine kleine Menge Fleisch oder grätenfreien Fisch untermischen (ca. 20 bis 30 Gramm). Magere Fleischsorten von Geflügel, Rind, Lamm oder Schwein liefern wertvolle Inhaltsstoffe wie Eisen und Zink, essenzielle Fettsäuren und viele Vitamine. Seefisch versorgt den Nachwuchs darüber hinaus mit lebenswichtigem Jod. Für die Babyernährung besonders empfehlenswert sind Kabeljau, Seezunge, Seehecht, Lachs (reich an Omega-3-Fettsäuren), Seelachs und Alaskaseelachs oder von den Süßwassersorten Forelle.

Um eine gute Eisenversorgung zu gewährleisten, sollten Sie mittags viermal pro Woche einen Brei mit Fleisch füttern. Wenn Ihr Baby bald schon ein Stück Wurst isst, genügen auch zwei bis drei Gemüse-Fleisch-Breie. Wichtig: Weil Vitamin C die Eisenaufnahme begünstigt, fügen Sie dem Brei einen Schuss Vitamin-C-reichen Fruchtsaft zu (naturreiner Apfel- oder Orangensaft). Den Brei mit Fisch füttern Sie bis zu zweimal in der Woche.

## Fleisch und Fisch in Miniportionen

Wenn Sie nicht gerade für sich selbst ein Stück Fleisch zubereiten, ist es natürlich mühselig, so kleine Mengen zu kochen. Daher empfiehlt es sich, immer ein großes Stück Fleisch zu garen, es gut durchzupürieren und diesen Brei dann in Miniportionen im Eiswürfelbehälter einzufrieren. So haben Sie immer die richtige Portion

Fleisch parat. Nehmen Sie den Fleischwürfel einzeln aus dem Kühlfach und erwärmen Sie das Fleisch bei geringer Hitze in einem Töpfchen – praktischerweise direkt im fertig gekochten Brei. Bei Fisch empfiehlt sich hingegen stets eine separate und frische Zubereitung.

**Veggie-Baby**
Wenn Sie Ihr Baby von Anfang an fleischlos ernähren wollen, müssen Sie darauf achten, dass es trotzdem ausreichend mit allen wichtigen Vitaminen, Mineralstoffen und Spurenelementen versorgt ist. Weil Fleisch vor allem eine wichtige Eisen- und Zinkquelle ist, müssen Sie gezielt Lebensmittel füttern, die einer möglichen Unterversorgung mit diesen Stoffen entgegenwirken. Vor allem Haferflocken sind solche wertvollen Eisenlieferanten. Weitere wichtige Eisenquellen für Babys im Beikostalter sind Hirse, Roggen und grünes Gemüse wie Brokkoli.

**Wie geht es weiter?**
Wenn Sie von Anfang an auf Fleisch verzichten, folgt auf den Gemüse-Kartoffel-Brei ein eisenreicher Gemüse-Kartoffel-Getreide-Brei mit Haferflocken (10 Gramm Haferflocken mit Gemüse und Kartoffeln im Topf mitkochen, anschließend fein pürieren). Bei fleischfreier Kost ist außerdem der Schuss Orangen- oder Apfelsaft im Brei noch wichtiger als sonst. Denn der Körper kann pflanzliches Eisen nicht so gut aufnehmen wie tierisches. Milch und Milchprodukte dagegen verringern die Verfügbarkeit von Eisen und gehören daher nicht in den Brei (also lieber etwas Rapsöl statt Butter zugeben). Gerade in der Zeit der Beikosteinführung muss Ihr Kind mit all den wichtigen Nährstoffen versorgt werden, die es für ein gesundes Wachstum benötigt. Wenn Sie es für sich vertreten können, sollten Sie gerade im zweiten Lebenshalbjahr nicht auf Breie mit Fleisch und Fisch verzichten. Ab dem zweiten Lebensjahr wird es einfacher, die Eisen- und Eiweißzufuhr durch Getreide, Ei und Milchprodukte zu kompensieren, da sich der Speiseplan um vieles erweitert. Einer vegetarischen Ernährung steht dann nichts mehr im Weg. Informieren Sie sich aber auf jeden Fall bei Ihrem Kinderarzt und eventuell einem Ernährungsberater ausführlich über die vegetarische Beikost.

**Vorkochen**
Bleibt wider Erwarten einmal etwas vom Selbstgekochten übrig, können Sie die Reste in einem Gefäß mit Deckel problemlos 24 Stunden im Kühlschrank aufbewahren. Am nächsten Tag erhitzen Sie den Brei noch einmal sanft, lassen ihn etwas abkühlen und füttern ihn.
Und was bei der Zubereitung des Fleischbreis gilt, können Sie auch im großen Stil anwenden: Eine größere Menge Brei vorkochen, auf Zimmertemperatur abkühlen lassen und portionsweise einfrieren. Sie können den Brei so bis zu zwei Monate bei –18 °C aufbewahren.
Für die ersten Löffelchen reichen wie beim Fleisch Portionen in Eiswürfelgröße. Wird der Hunger mit den Wochen langsam größer, können Sie den Brei auch in kleine Gefrierbeutel oder Kunststoffdosen mit gut schließendem Deckel füllen. Bei Bedarf entnehmen Sie eine Portion und erhitzen sie auf kleiner Flamme. Den Brei vom Herd nehmen und auf Babytemperatur abkühlen lassen. Wichtig: Nach dem Einfrieren erhitzter Brei darf nicht noch einmal eingefroren werden. Spinat, Wirsing oder Rote Bete eignen sich wegen möglicher Nitratbildung nicht zum Einfrieren. Diese Gemüsesorten bitte immer frisch zubereiten.

## WENN BABYS BÄUCHLEIN ZWICKT

So klein der Bauch eines Babys auch ist, er kann doch Grund für schlaflose Nächte und quengelige Tage sein. Hier ein paar Tipps, was Sie im akuten Fall machen können. Wenn nichts helfen mag und die Bauchschmerzen anhalten, sollten Sie sich an den Kinderarzt wenden.

### Erleichterung bei Blähungen
- Eine Wärmflasche (Achtung, nicht zu heiß, nur warm!) oder ein warmes Dinkelkissen auf den Bauch legen. Auch ein warmes Bad hilft.
- Leichte Bauchmassagen mit Fenchel-Öl, immer im Uhrzeigersinn.
- Warmer Fenchel-, Rotbusch- oder Kamillentee. Achtung: Vor dem Trinken gut pusten, damit sich das Baby nicht die Zunge verbrennt!

### So beugen Sie Verstopfungen vor
- Achten Sie darauf, dass Ihr Kind genug trinkt (mindestens 200 Milliliter Wasser pro Tag, wenn Sie zusätzlich noch stillen. Stillen Sie nicht mehr, sollten es mindestens 500 Milliliter sein).
- Rohes Obst und Gemüse sowie Getreideprodukte liefern viele Ballaststoffe, die gut für die Verdauung sind. Dabei aber viel trinken!
- Ein Teelöffel Milchzucker in den Obstbrei gemischt wirkt abführend. Denn der Milchzucker gelangt unverdaut in den Dickdarm und unterstützt dort die Darmbakterien bei ihrer Arbeit. Aber übertreiben Sie die Gabe von Milchzucker nicht.
- Regelmäßige Bewegung regt die Darmflora an. Manche Babys sind aber von Natur aus eher etwas fauler und bewegen sich nicht so viel. Leiden sie an Verstopfung, können leichte Streichmassagen im Uhrzeigersinn über den Bauch helfen.

### Akuter Durchfall
- Das Pektin eines roh geriebenen Apfels (mit Schale) absorbiert Flüssigkeit und festigt den Stuhl. Aber Achtung: Nur Selberreiben ist hilfreich, »normales« Apfelmus wirkt abführend.
- Möhrchen- oder Kartoffelbrei haben eine ähnliche Wirkung wie geriebener Apfel. Auch sie wirken stopfend.
- Leicht (!) salziger Reisschleim wirkt beruhigend auf den Magen und gleicht den Mineralstoffverlust aus.
- Bei Durchfall muss das Baby unbedingt viel trinken, um den Flüssigkeitsverlust wieder auszugleichen. Und das gilt darüber hinaus noch mehr, wenn sich das Baby zusätzlich übergibt.
- Hält der Durchfall an oder geht er mit Erbrechen einher, sollten Sie Kontakt zum Kinderarzt aufnehmen. Denn gerade bei Babys ist der hohe Flüssigkeitsverlust gefährlich.

## PHASE 2: DER MILCH-GETREIDE-BREI AM ABEND – 7. BIS 8. MONAT

Isst Ihr Baby ca. vier Wochen seinen Mittagsbrei gern und ausreichend, ist die Zeit reif für eine weitere Breimahlzeit: Das Stillen beziehungsweise Fläschchen am Abend wird nach und nach durch einen Milch-Getreide-Brei ersetzt. Dazu rühren Sie Getreideflocken, Reisflocken oder Grieß in warme Vollmilch (3,5 Prozent Fett) oder Säuglingsmilch. Zum Schluss kommt für eine Extraportion Vitamine noch ein bisschen frisches Obstpüree dazu – fertig!

Der Abendbrei liefert nicht nur wertvolle Vitamine und Mineralstoffe wie Kalzium für ein gesundes Knochenwachstum, sondern macht durch den hohen Eiweißgehalt auch lange satt. Eine Garantie dafür, dass Ihr Baby durchschläft, gibt es damit aber leider trotzdem nicht.

### Das richtige Getreide

Damit der Milchbrei schön cremig wird, verwenden Sie Grieß oder feine Flocken aus Vollkorn. Um das Verdauungssystem Ihres Babys nicht zu überfordern, beginnen Sie am besten mit leicht verdaulichem Getreidepulver oder -flocken für Babynahrung. Sie sind thermisch aufgeschlossen, was die enthaltene Stärke verdaulich macht. Die Flocken müssen nur noch mit heißer Milch angerührt werden. Werfen Sie aber immer einen Blick auf die Verpackung, um sicherzustellen, dass kein Zucker oder andere Zusatzstoffe beigemengt wurden.

Probieren Sie Schritt für Schritt aus, was Ihrem Baby schmeckt (Reis, Hafer, Hirse, Dinkel, Weizen, Roggen). Verzichten Sie aber noch darauf, zwei oder mehrere Getreidesorten miteinander zu kombinieren, da Babys Darm am Abend schonende Kost am besten verträgt. Werden zu viele komplexe Kohlenhydrate kombiniert, kann es Blähungen und Bauchweh bekommen und unruhig schlafen. Mischen Sie erst, wenn alle Getreidesorten eingeführt wurden und das Baby an alle gewöhnt ist. Meiden Sie zudem im ersten Lebensjahr exotische Getreidesorten wie Buchweizen, Quinoa oder Amaranth. Sie enthalten meist Gerbstoffe, welche die Verdauung von Nährstoffen, Vitaminen und Mineralstoffen beeinträchtigen können. Auch rohes Getreide (zum Beispiel als Frischkornbrei) ist noch nichts für Ihr Baby. Es ist für den »jungfräulichen« Verdauungstrakt noch zu schwer verdaulich und kann zudem mit Keimen belastet sein.

### Milch – das Beste von der Kuh

Bis vor Kurzem rieten Ernährungsexperten wie die Deutsche Gesellschaft für Ernährung davon ab, den Abendbrei mit Kuhmilch anzurühren. Im ersten Jahr sollte ein Baby überhaupt keine Kuhmilch zu sich nehmen. Das hat sich geändert. Nach neuesten Erkenntnissen sind ab dem 6. Monat im Getreidebrei neben der Säuglingsmilch auch kleine Mengen »normale« Milch gestattet. Vorher ist Milch immer noch

tabu! Und auch ins Milchfläschchen sollte bis zum ersten Geburtstag ausschließlich Fertigmilchnahrung. Denn in diesen Mengen könnte Kuhmilch die Nieren belasten und zu Darmblutungen führen. Zudem enthält sie im Vergleich zur Mutter- und Säuglingsmilch nicht alle Nährstoffe in ausreichend hoher Menge (zum Beispiel Eisen und Jod). Auch mit Milchprodukten wie Quark, Frischkäse oder Joghurt sollten Sie bis zum Ende des ersten Lebensjahres warten. Die Milch im Brei ist völlig ausreichend, um die Kalziumversorgung des Kindes sicherzustellen. Wählen Sie für den Milch-Getreide-Brei frische, pasteurisierte Vollmilch oder H-Milch mit einem Fettgehalt von 3,5 Prozent. Der Fettgehalt ist wichtig, weil Ihr Baby im ersten Lebensjahr besonders viel Fett benötigt, um gesund groß zu werden. »Normale« Vollmilch und H-Milch brauchen Sie nicht mehr abzukochen. Etwas anderes ist es, wenn Sie Rohmilch oder Vorzugsmilch (meist direkt vom Bauernhof) verwenden wollen. Beide sollten Sie vorher unbedingt abkochen, um eventuell enthaltene Keime abzutöten. Eine gute Alternative zu Kuhmilch ist übrigens Ziegenmilch.

**Milchfertigbrei**

Im Handel werden verschiedene Milchfertigbreie angeboten. Sie enthalten Getreideflocken und Milchpulver (meist Folgemilch) und müssen nur noch mit heißem Wasser angerührt werden. Das kann zwischendurch oder im Urlaub ganz praktisch sein. Wie bei allen Fertiggerichten gilt aber auch hier: Nur wenn Sie das Essen für Ihr Baby selbst zubereiten, wissen Sie genau, was drin ist. Außerdem schmeckt der Brei einfach besser und viel natürlicher.

**Frischekick durch Früchte**

Zwei Esslöffel Obstpüree runden den Brei am Abend geschmacklich ab. Wenn es ganz schnell gehen muss, zerdrücken Sie ein bisschen Banane oder reiben Sie etwas Apfel. Für mehr Abwechslung sorgt ein Mus aus Früchten (Rezeptideen finden Sie auf Seite 44 und ab Seite 50). Frische und regionale Produkte sind zur Saison nährstoffreich und preiswert. Aber auch Obst aus der Tiefkühltruhe ist für Babykost geeignet. Ein wenig Butter dazu, und schon können sich die im Obst enthaltenen fettlöslichen Vitamine binden. Das enthaltene Vitamin C fördert zudem die normale Funktion des Immunsystems und verbessert zusätzlich die Aufnahme von Eisen aus Gemüse und Getreide.

Gut geeignet sind:
- Ab dem 5. Monat: Apfel, Banane, Birne und Melone
- 7. bis 8. Monat: Aprikose, Pfirsich, Nektarine, Weintrauben, Erdbeeren
- Ab dem 10. Monat: Beeren, Kirschen, Pflaumen

Zitrusfrüchte sind für Fruchtpürees ungeeignet. Sie sind auch noch zu säurehaltig für den empfindlichen Magen des Babys.

## PHASE 3: GETREIDE-OBST-BREI – AB DEM 8. MONAT

In der dritten Phase lernt Ihr Baby für gewöhnlich einen weiteren Brei kennen: den Getreide-Obst-Brei, der die Milchmahlzeit am Nachmittag ersetzt. Wann Sie damit starten, bleibt Ihnen und Ihrem Gefühl überlassen. Wenn es mit dem Brei-Füttern gut klappt und Ihr Baby keine Probleme mit der Verdauung hat, können Sie schon eine Woche nach der Einführung des Milch-Getreide-Breis am Abend mit dem Nachmittagsbrei starten. Achten Sie auch hier auf Ihr Gefühl und die Reaktion Ihres Babys. Ist es noch nicht an all das Neue gewöhnt, reicht es auch, wenn Sie nach vier Wochen den Nachmittagsbrei einführen.

Der Nachmittagsbrei enthält nur wenige Zutaten und ist deshalb ruckzuck vor- und zubereitet. Anstatt mit Milch rühren Sie die Getreideflocken mit warmem Wasser an. Um das Ganze vitaminreich zu verfeinern, kommt dann – das kennen Sie ja schon – noch ein wenig Obstmus dazu. Ein Teelöffel Raps-, Sonnenblumen- oder Maiskeimöl liefert die nötige Energie und fördert zudem die Vitaminaufnahme. Tolle Rezepte für den Getreide-Obst-Brei finden Sie ab Seite 46.

### Brei mit richtig was drin

Auch bei den anderen Mahlzeiten tut sich was. Fast vier Monate haben Sie nun feine Breie mit wertvollen Zutaten püriert und Ihr Baby damit gefüttert. Besonders reizvoll sahen die meisten wahrscheinlich nicht aus, doch das ändert sich jetzt. Sie brauchen das Mittagessen nun nämlich nur noch grob zerdrücken oder sehr klein schneiden. Dadurch lässt sich für Ihr Kind endlich erkennen, welche Zutaten auf dem Teller landen. Außerdem haben Sie bestimmt auch schon seit einiger Zeit bemerkt, dass der bisher heiß geliebte, pürierte Brei nicht mehr unter den Top Ten rangiert und Ihr Kind lieber etwas Festeres essen würde. Vielleicht will es auch den Löffel selbst halten? Mehr zum sogenannten »Baby-led weaning« finden Sie ab Seite 26.

### Selber löffeln macht Spaß!

Die größeren Stücke auf dem Teller erlauben es Ihrem Kind, selbstständig essen zu lernen. Und deshalb werden Sie den Löffel so schnell nicht mehr zu fassen kriegen, wenn ihn das Kleine erst einmal in der Hand hält. Babys können ganz schöne Kräfte entwickeln und IHREN Löffel erbittert verteidigen. Könnte Ihr Kind schon sprechen, würde es genau das sagen: »Mit dem Löffel essen macht mir Spaß!« Trotzdem versuchen es manche Kinder zuerst mit den Fingerchen. Das ist natürlich auch in Ordnung. Doch wenn Sie es ermuntern, das Essen mit dem eigenen Löffel zu probieren, werden sich schnell Erfolge einstellen. Am Anfang können Sie ja mit einem zweiten Löffel mitfüttern, schließlich geht noch viel daneben. Wenn es jeden Tag üben darf, wird das Essen für Ihr Kind zu einem immer aktiveren und zu einem selbstbestimmten Akt. Sie lassen Ihr Kind aufs Neue einen Schritt mehr in Richtung Selbstständigkeit los. Ganz einfach, weil Sie nicht mehr bei jeder Mahlzeit das Füttern übernehmen.

Und was, wenn das Baby den Brei nicht anrührt, aber ständig auf Ihr Abendbrot schielt? Dann geben Sie ihm einfach ein Stückchen ab, damit es daran lutschen kann. Am besten eignet sich dazu normales Mischbrot. Wenn erste

# Von Brei bis Fingerfood

Zähnchen kommen, lieben es die Kleinen, an der Rinde zu knabbern (je härter, desto besser). Sobald der erste Aufstrich aufs Brot kommt, schneiden Sie die Rinde besser ab und das Brot in kleine Stücke, damit das Baby sie direkt in den Mund stecken kann.

**Fingerfood**
Haben Sie auch so manche schlaflose Nacht hinter sich, weil die ersten Zähnchen Ihres Babys durchgekommen sind? So schwer es fällt, mitanzusehen, wie die Kleinen mit dem Zahnen kämpfen, einen Grund zur Freude gibt es doch. Denn jetzt kann das Kind endlich kauen, beißen und richtig essen lernen. Wenn Ihr Kind schon ein paar Zähnchen hat, können Sie allmählich auch das erste »Fingerfood« einführen: Kochen Sie zum Beispiel Gemüse gar und geben Sie es dem Baby in größeren Stücken zum Probieren. Auch manche Nudeln lassen sich gut mit der Hand essen. Von Obst oder zuckerarmem Vollkorngebäck können die meisten Kinder schon gut Stücke abknabbern und im Mund zerdrücken – eine ganz neue Erfahrung. Wenn Sie denken, Fingerfood könnte jetzt schon das Richtige für Ihr Baby sein, probieren Sie die Rezepte ab Seite 78 aus. Die schmecken nicht nur Ihrem kleinen Schatz, sondern auch dem Rest der Familie.

**Gut gepflegte Zähne – von Anfang an**
Ach wie süß sind doch die kleinen ersten Zähnchen! So klein sie aus dem Mündchen hervorblitzen, so groß sollte von Anfang an die Pflege sein. Denn die Milchzähne sind anfällig für Karies. Umso mehr, da sich zwischen den eng stehenden Zähnen schnell Speisereste sammeln. Putzen Sie Ihrem Kind deshalb von Anfang an mindestens zweimal pro Tag die Zähne. Zunächst reicht dazu ein kleiner Zahnputzfingerling aus der Apotheke, später darf es auch eine weiche Bürste sein. Je früher Sie Ihr Kleines an das Ritual Zähneputzen gewöhnen, desto weniger Protest wird es später geben, weil das Zähneputzen zum ganz normalen Alltag einfach dazugehört.
Wenn Ihr Kind regelmäßig Fluoridtabletten bekommt, brauchen Sie im ersten Lebensjahr keine fluoridhaltige Zahncreme. Später gibt es spezielle Kinderzahnpasta mit geringem Fluoridgehalt (250–500 ppm). Sie ist nicht scharf und versorgt die Zähne trotzdem ausreichend mit Fluor, das die Zahnstruktur stärkt.

**Auch Trinken kann den Zähnen schaden**
Säfte und andere zuckerhaltige Getränke erhöhen das Kariesrisiko, vor allem wenn sie wie bei der Flasche oder Trinklerntasse die kleinsten Stummelzähnchen regelrecht umspülen. Doch auch wenn das Baby unentwegt Wasser oder Tee aus Flasche oder Trinklerntasse trinkt, können diese an sich gesunden Getränke den Zähnen schaden. Ihr Baby sollte daher bald lernen, aus einer Tasse oder einem Becher zu trinken. Damit nicht allzu viel daneben geht, bieten sich im ersten Schritt Schnabeltassen an.

## PHASE 4: ESSEN AM FAMILIENTISCH – 10. BIS 12. MONAT

In den vergangenen Monaten haben Sie die Mahlzeiten für Ihr Kleines immer mehr dem Familienessen angepasst. Die Breie sind stückiger geworden und Sie konnten auch schon das eine oder andere Mal mit feinem und aufregendem Fingerfood beim Mittagessen punkten.

Ab jetzt kommen auch zum Frühstück kindgerechte Ideen auf den Tisch. Für den Anfang eignen sich als Sattmacher Haferbrei (Porridge) oder Vollkornbrei mit Obst. Bald schon kann auch ein selbst gemachtes Müsli ins Schüsselchen. Probieren Sie weitere Frühstücksvarianten aus: Brot mit Käse, (Streich-)Wurst oder einem pikanten Aufstrich aus dem Reformhaus steht bei vielen Kleinen hoch im Kurs. Ein paar Gurkenscheiben oder ein gekochtes Ei ergänzen ein gesundes Brot perfekt und schmecken fast allen Kindern. Mit Frischkäse und Marmelade bringen Sie ebenso Abwechslung auf den Tisch wie mit selbst gebackenem Brot oder Brötchen. Butter dagegen gehört nur sparsam aufs Brot. Zu dick aufgestrichen, wird sie oft abgeschleckt und das Brot bleibt dann »nackig« auf dem Teller liegen.

Ach ja, ein kleines Mysterium soll an dieser Stelle nicht unerwähnt bleiben: Sie werden bestimmt auch die Erfahrung machen, dass Kinder für ihr Leben gern Brot essen (je trockener und härter, desto besser). Sobald aber eine Scheibe Wurst oder Käse auf das Brot kommt (oder daneben liegt), lassen sie dieses meist links liegen und stürzen sich nur auf den Belag. Warum das so ist, möchte ich schon lange wissen, werde es aber wohl nie erfahren. Manchmal hilft es, das Brot zusammenzuklappen.

### Essen wie die Großen

Grundsätzlich können Sie Ihrem Kind nun alles anbieten, was auch bei Ihnen auf den Teller kommt – es muss nur gut weich gekocht und in kleine Portionen und Stücke zerteilt sein. Ihr Kind zeigt Ihnen schnell, dass es fertig ist oder etwas nicht mag. Es spuckt das Essen einfach wieder aus oder lässt es auf den Boden fallen. Den Putzlappen brauchen Sie also auch in dieser Phase noch häufig.

Wenn Sie die Gerichte, die Sie für Ihre Familie zubereiten, auch dem Baby anbieten möchten, sollten Sie bei der Zubereitung auf Salz und andere starke, vor allem scharfe Gewürze verzichten. Sie können später bei Tisch für sich nachwürzen oder aber Sie nehmen erst eine Portion für Ihr Kleines aus dem Topf und schmecken dann den Rest nach Lust und Laune ab.

Geben Sie schwer verdauliche und stark blähende Lebensmittel (Hülsenfrüchte wie Linsen und Bohnen, alle Sorten Kohl, Zwiebeln und Lauch) zunächst nur in kleinen Portionen als Beilage. Orange, Kiwi und Tomaten sind stark säurehaltig. Zu schnell wird dadurch der Po wund. Daher auch damit lieber noch warten.

### … oder auch nicht

Natürlich gibt es auch Kinder, die noch mit zehn, elf Monaten lieber Milch trinken als Brei essen oder die weiterhin lieber pürierten Brei löffeln, als hartes Brot zu knabbern. Das ist in Ordnung. Lassen Sie Ihrem Spatz die Zeit, die er braucht, um sich auf Neues einzulassen. Sie merken es sicher ganz von selbst, wenn es Zeit ist, Ihr Baby von Ihrem Essen probieren zu lassen. Sein Verdauungstrakt ist jetzt an die meisten Nahrungsmittel gewöhnt und somit ist der Start frei fürs Essen am Familientisch.

**Reicht das auch wirklich?**
Geben Sie Ihrem Kind immer nur so viel auf den Teller, wie in sein Händchen passen würde. Mehr wird es erst einmal nicht schaffen und ein zu voller Teller überfordert es von der ersten Sekunde an. Wenn es tatsächlich noch Hunger hat, können Sie ja noch einmal eine kleine Portion nachreichen.
Natürlich fragt man sich manchmal, ob das bisschen Rumgeknabbere tatsächlich als volle Mahlzeit ausreicht. Aber keine Sorge, Kinder holen sich, was sie brauchen. Viele Eltern geben ihrem Schatz vor dem Einschlafen auch noch ein Milchfläschchen oder die Brust – ich denke, die meisten Kinder sparen sich dafür einfach ein Plätzchen im Bauch auf. Das ist in Ordnung.

**Du bist du und ich bin ich**
Kinder sind unglaublich verschieden. Die einen sind lebhafter und strotzen nur so vor Energie, andere sind ruhiger und zarter. Trotzdem sind beide Typen gesund und munter. Solange Ihr Kind zufrieden und aktiv ist, geht es ihm auch gut. Sie werden beobachten, dass es Phasen gibt, in denen es besonders schlecht oder besonders viel und gut isst. Bei Letzteren handelt es sich sicher um eine der vielen Wachstumsphasen. Ruhigere Zeiten für den Körper bringen auch nur halb so viel Hunger mit sich.

# BREIFREI: DAS »BABY-LED WEANING«

Das sogenannte »Baby-led weaning« oder auch nur kurz und knapp »BLW« ist so etwas wie eine kleine Revolution in der Babyernährung: Hierzulande würde man BLW etwa mit »vom Baby gesteuerte Beikosteinführung« übersetzen, was bedeutet, dass es das Baby selbst in der Hand hat (auch im wortwörtlichen Sinn), was und wie viel es isst. Oft ist auch von »breifrei« die Rede. Es wird nicht von Mama oder Papa mit Brei und Löffelchen gefüttert, sondern isst feste Nahrung von Anfang an selbstbestimmt.
Die motorischen Fähigkeiten, die das Kind dazu benötigt, sind im »klassischen« Breialter bereits vorhanden: Ein gesundes Baby ist in der Lage, ein Stück Breze oder einen Gemüsestick in der Hand zu halten. Mit der Zeit dürfen die Stückchen dann auch kleiner werden. Um den 8. Lebensmonat herum lernen Babys, kleine Dinge mit Daumen und Zeigefinger zu greifen (Pinzettengriff). Dann können zum Beispiel auch Himbeeren auf den Tisch, die Ihr Kind mit viel Geduld aufnehmen wird. Löffel und Gabel kommen beim Erlernen des selbstständigen Essens also erst einmal nicht zum Einsatz.

**VORTEILE DES »BABY-LED WEANING«**
So ungewohnt der Verzicht auf Brei und Löffelchen zunächst vielleicht auch klingen mag: Für Sie als Eltern kann BLW durchaus für Entspannung sorgen. Sie müssen nicht extra für Ihr Baby kochen, sondern können es von Anfang an an die Nahrungsmittel gewöhnen, die bei Ihnen auf den Tisch kommen. Nur schön weich muss es sein, damit sich Ihr Kind nicht an har-

ten Stückchen verschluckt. Weil Sie nicht genau mitkriegen, wie viel Ihr Kind tatsächlich isst, machen Sie sich auch nicht verrückt, ob es genug bekommt. Bei BLW geht es schließlich erst einmal um das Entdecken mit allen Sinnen. Satt wird Ihr Schatz auf jeden Fall, weil Sie gerade in der Anfangszeit nach jeder Mahlzeit weiter stillen oder das Fläschchen geben.

Durch die Selbstständigkeit beim Essen fördern Sie die Hand- und Mundmotorik Ihres Babys. Gleichzeitig entwickelt Ihr Kind auch in anderen Bereichen eine gesunde Selbstständigkeit. Forschungsergebnisse zeigen, dass es Kindern, die mit der BLW-Methode essen lernen, auch leichter fällt, einmal etwas länger am Tisch zu sitzen. Zudem sind sie eher bereit, neue Lebensmittel und Geschmacksrichtungen zu probieren und zu akzeptieren. Studien belegen auch, dass Babys, die von Anfang an selbstständig essen lernen, später viel häufiger zu komplexen Kohlenhydraten (wie Gemüse und Vollkornprodukte) greifen als zu einfachen (zum Beispiel Zucker und zuckerhaltige Lebensmittel).

Das wirklich Schönste am Selbstständig-essen-Lernen aber ist der Entdeckungstrieb Ihres Babys. Wichtig: Bleiben Sie stets dabei, wenn Ihr Baby knabbert, damit Sie ihm bei eventuellem Verschlucken sofort helfen können.

## VIELFALT MACHT APPETIT AUF MEHR

Schon die Kleinsten haben den Wunsch, selbstbestimmt zu essen und Nahrungsmittel mit allen Sinnen zu entdecken. Sie lernen dabei die unterschiedlichsten Formen, Farben und Geschmacksrichtungen kennen und lieben. Auf diesem Weg wird schon frühzeitig die Akzeptanz für die meisten Gemüsesorten positiv beeinflusst.

### BLW: DARAUF KOMMT ES AN

- Setzen Sie Ihr Kind möglichst aufrecht (auf dem Schoß oder in einem Hochstuhl), dann verschluckt es sich nicht so leicht. Lassen Sie es beim Essen auch niemals allein.
- Stecken Sie Ihrem Baby nichts in den Mund, um es so zum Essen zu animieren. Beim Selbstständig-essen-Lernen bestimmt nur Ihr Kind, wann was im Mund landet.
- Babys haben leider keine große Ausdauer, wenn es ums Essen geht. Sie werden schnell merken, wann die Nahrungsmittel nur noch als Spielzeug dienen. Räumen Sie den Teller ab, sobald das Essen nur noch durch die Gegend fliegt.
- Stellen Sie bei jeder Mahlzeit auch einen Becher oder eine Schnabeltasse mit Wasser an Babys Platz. Wenn es Durst hat, kann es versuchen zu trinken. Wenn nicht, ist es auch gut.
- Stillen Sie Ihr Kind nach dem Essen zunächst wie gewohnt weiter.
- Wenn Sie, Ihr Partner oder ein Geschwisterkind eine Allergie haben, sollten Sie vor der Einführung von fester Kost unbedingt mit dem Arzt sprechen. Wenn Sie Bedenken haben, führen Sie auch beim BLW nach und nach ein neues Lebensmittel ein. So erkennen Sie sofort, ob Ihr Baby auf ein bestimmtes Lebensmittel allergisch reagiert.

# REZEPTE

## Brei und Püree

| | |
|---|---|
| Möhrchenbrei ..................................... 30 | Hähnchenbrust mit Avocado und Tomate ........................................ 39 |
| Möhren-Apfel-Brei ............................. 30 | Rindfleisch mit Graupen und Tomate ..... 39 |
| Pastinake-Spinat-Brei ........................ 31 | Lachs mit Kartoffeln und Zucchini ......... 40 |
| Gemüse kunterbunt ........................... 31 | Spinatrisotto mit Fisch .......................... 40 |
| Möhren-Fenchel-Brei ......................... 32 | Gute-Nacht-Brei .................................. 42 |
| Hokkaido-Kräuter-Brei ....................... 32 | Dinkelbrei mit Banane ......................... 42 |
| Möhren-Kartoffel-Brei ........................ 34 | Vollkornbrei mit Apfelmus ................... 43 |
| Zucchini-Kartoffel-Brei ....................... 34 | Kokosmilchreis mit Erdbeermark ......... 43 |
| Erbsen-Kartoffel-Brei ......................... 35 | Apfel-Bananen-Püree .......................... 44 |
| Möhren-Brokkoli-Kartoffel-Brei ........... 35 | Apfel-Blaubeer-Püree .......................... 44 |
| Lammfleisch mit Birne und Süßkartoffel ............................. 36 | Getreidebrei – das Grundrezept ........... 46 |
| Rindfleisch mit Süßkartoffel und Kohlrabi ................................... 36 | Nektarinen-Dinkel-Brei ........................ 46 |
| | Birnen-Hafer-Brei ................................ 47 |
| Hähnchenbrust mit Kohlrabi und Reis ...................................... 38 | Erdbeer-Dinkel-Brei ............................. 47 |
| | Müsli-Apfel-Brei ................................... 48 |
| Pute mit Reis und Fenchel .................. 38 | Frühstücksflocken mit Banane ............. 48 |

Brei und Püree

## MÖHRCHENBREI
Mit viel Beta-Carotin für Augen und Haut

**Für 1 Portion:**

1–2 kleine Möhren
(ca. 150 g)
1 TL Rapsöl

1. Die Möhren schälen, putzen und in kleine Würfel schneiden.

2. In einem Topf 30 ml Wasser zum Kochen bringen und die Möhrenwürfelchen darin auf kleinster Stufe ca. 15 Min. weich kochen.

3. Möhrchen mit dem Kochwasser und dem Rapsöl in ein hohes Gefäß geben und mit dem Pürierstab fein pürieren.

## MÖHREN-APFEL-BREI
Vitaminreich

**Für 1 Portion:**

1–2 kleine Möhren
(ca. 150 g)
½ Apfel
1 TL Rapsöl

1. Möhren und Apfel schälen, putzen und in Würfelchen schneiden.

2. 30 ml Wasser zum Kochen bringen und die Möhrenwürfelchen darin auf kleinster Stufe ca. 10 Min. garen. Apfelwürfel hinzufügen und alles weitere 5 Min. weich kochen.

3. Möhrchen- und Apfelwürfel mit dem Kochwasser und dem Rapsöl fein pürieren.

Brei und Püree

# PASTINAKE-SPINAT-BREI
Besonders verträglich und gut für die Knochen

**Für 1 Portion:**

1 kleine Pastinake (ca. 100 g)
50 g frischer Blattspinat
1 TL Rapsöl

1. Die Pastinake schälen, putzen und in kleine Würfel schneiden. Mit 30 ml Wasser in einem kleinen Topf aufkochen und auf geringster Stufe ca. 12 Min. gar kochen.

2. Den Spinat waschen und über dem heißen Wasserdampf in einem Sieb ca. 5 Min. dämpfen.

3. Pastinakenwürfelchen, Spinat und Rapsöl mit dem Kochwasser im Mixer fein pürieren.

# GEMÜSE KUNTERBUNT
Vitamin-C-Power fürs Immunsystem

**Für 1 Portion:**

50 g frische
Rote Bete
50 g Petersilienwurzel
50 g Wirsing
1 TL Rapsöl

1. Rote Bete und Petersilienwurzel schälen, putzen und klein würfeln. Wirsing putzen, waschen und in feine Streifen schneiden.

2. Das Gemüse mit 50 ml Wasser aufkochen und auf kleinster Stufe ca. 12 Min. weich garen. Anschließend mit dem Kochwasser und dem Rapsöl in einem hohen Gefäß fein pürieren.

## MÖHREN-FENCHEL-BREI

Hilfe durch ätherische Öle

**Für 1 Portion:**

1 kleine Möhre (ca. 100 g)
50 g Fenchel
1 TL Rapsöl

1. Die Möhre schälen. Möhre und Fenchel waschen, putzen und in kleine Würfel schneiden.

2. Gemüsewürfelchen mit 30 ml Wasser aufkochen und auf geringster Stufe ca. 15 Min. weich garen. Mit dem Kochwasser und dem Rapsöl in einem hohen Gefäß fein pürieren.

## HOKKAIDO-KRÄUTER-BREI

Salbei wirkt antibakteriell und krampflösend

**Für 1 Portion:**

150 g Hokkaido-Kürbis
1 Blatt frischer Salbei
1 TL Rapsöl

1. Den Kürbis gründlich waschen und mit der Schale in kleine Würfel schneiden.

2. 30 ml Wasser mit dem Salbeiblatt zum Kochen bringen. Kürbiswürfel darin auf kleinster Stufe ca. 10 Min. weich kochen.

3. Die Kürbiswürfel mit etwas Kochwasser und Rapsöl in einem hohen Gefäß fein pürieren.

Brei und Püree

**TIPP**

Kochen Sie ein bisschen mehr Gemüse und nehmen Sie einen Teil vor dem Pürieren beiseite. Ein Naturschnitzel dazu gebraten, das Gemüse in etwas Olivenöl oder Butter geschwenkt – schon ist auch für Sie eine Mahlzeit fertig.

Brei und Püree

# MÖHREN-KARTOFFEL-BREI

Sattmacher

**Für 1 Portion:**

1 kleine Möhre (ca. 100 g)
1 Kartoffel
(ca. 80 g)
1 TL Rapsöl

1. Die Möhre und die Kartoffel putzen, schälen und in kleine Würfel schneiden.

2. Die Gemüsewürfelchen mit 30 ml Wasser aufkochen und auf kleinster Stufe ca. 15 Min. weich garen.

3. Gemüse, Kochwasser (nach Bedarf) und Rapsöl in einem hohen Gefäß fein pürieren.

# ZUCCHINI-KARTOFFEL-BREI

Rosmarin stärkt das Immunsystem

**Für 1 Portion:**

1 Kartoffel (ca. 100 g)
100 g Zucchini
2 Nadeln frischer Rosmarin
1 TL Rapsöl

1. Die Kartoffel schälen und in kleine Würfel schneiden. Die Zucchini waschen, putzen und mit Schale ebenfalls in Würfel schneiden.

2. 30 ml Wasser zum Kochen bringen und die Kartoffelwürfelchen darin auf kleinster Stufe ca. 10 Min. kochen. Zucchini und Rosmarin zugeben und beides noch 5 Min. köcheln lassen.

3. Das weiche Gemüse mit dem Kochwasser und dem Rapsöl in einem hohen Gefäß fein pürieren.

# ERBSEN-KARTOFFEL-BREI

Viel pflanzliches Eiweiß für starke Muskeln

**Für 1 Portion:**

1 Kartoffel
(ca. 100 g)
100 g TK-Erbsen
1 TL Rapsöl

**1.** Die Kartoffel schälen und in kleine Würfel schneiden. In einem Töpfchen mit 50 ml Wasser aufkochen und ca. 8 Min. auf kleinster Stufe garen.

**2.** Die TK-Erbsen zugeben und alles in weiteren 7–8 Min. weich kochen.

**3.** Kartoffeln und Erbsen mit dem Kochwasser und dem Rapsöl in ein hohes Gefäß geben und fein pürieren.

# MÖHREN-BROKKOLI-KARTOFFEL-BREI

Steckt voller Vitamin C und Folsäure

**Für 1 Portion:**

1 Kartoffel
(ca. 100 g)
½ Möhre
(ca. 50 g)
50 g Brokkoli
1 TL Rapsöl

**1.** Die Kartoffel und die Möhre schälen und in kleine Würfel schneiden. Den Brokkoli in Röschen teilen.

**2.** Kartoffel- und Möhrenwürfelchen mit 50 ml Wasser aufkochen und auf kleinster Stufe 12 Min. bissfest kochen. Brokkoli dazugeben und alles ca. 5 Min. weiterkochen.

**3.** Das weiche Gemüse mit dem Kochwasser und dem Rapsöl in ein hohes Gefäß geben und fein pürieren.

# LAMMFLEISCH MIT BIRNE UND SÜSSKARTOFFEL

Gut verträglich

**Für 1 Portion:**

1 Stück Süßkartoffel
(ca. 80 g)
½ kleine Birne (ca. 50 g)
30 g Lammfilet
1 TL Rapsöl
2 EL Orangensaft

1. Die Süßkartoffel schälen, die Birne waschen und putzen. Beides in kleine Würfel schneiden. Das Fleisch ebenfalls fein würfeln.

2. 50 ml Wasser zum Kochen bringen und die Süßkartoffeln 10 Min. darin garen. Lamm zugeben und in weiteren 10 Min. weich kochen. Die Birne in den letzten 2 Min. mitgaren.

3. Gemüse-, Fleisch- und Birnenwürfelchen mit einer Schaumkelle aus dem Topf nehmen. Mit Rapsöl und Orangensaft fein pürieren.

# RINDFLEISCH MIT SÜSSKARTOFFEL UND KOHLRABI

Wertvolles Eisen für die Kleinsten

**Für 1 Portion:**

1 Stück Süßkartoffel
(ca. 80 g)
¼ Kohlrabi
(ca. 50 g)
30 g Rindfleisch (Tafelspitz)
1 TL Rapsöl
2 EL Orangensaft

1. Süßkartoffel und Kohlrabi schälen und in Würfel schneiden. Mit 30 ml Wasser aufkochen und auf geringster Stufe ca. 10 Min. köcheln lassen.

2. In der Zwischenzeit das Rindfleisch fein würfeln. Fleisch zum Gemüse geben und alles weitere 10 Min. schön weich kochen.

3. Gemüse und Fleisch aus dem Wasser fischen. Mit Rapsöl und Orangensaft fein pürieren (eventuell etwas Kochwasser zugeben).

Brei und Püree

# HÄHNCHENBRUST MIT KOHLRABI UND REIS

Leicht verdaulich

**Für 1 Portion:**

30 g Langkornreis
½ Kohlrabi (ca. 100 g)
25 g Hähnchenbrustfilet
1 TL Rapsöl

1. Reis mit der doppelten Menge Wasser aufkochen und auf geringster Stufe ca. 20 Min. quellen lassen.

2. Kohlrabi schälen und in kleine Würfel schneiden. Hähnchenfleisch ebenfalls klein würfeln. Mit Kohlrabi und 40 ml Wasser zum Kochen bringen und ca. 15 Min. weich garen.

3. Gekochten Reis mit Kohlrabi, Fleisch und Rapsöl fein pürieren.

# PUTE MIT REIS UND FENCHEL

Beruhigt den Magen

**Für 1 Portion:**

½ kleine Fenchelknolle (ca. 100 g)
30 g Langkornreis
25 g Putenfleisch
1 TL Rapsöl

1. Fenchel waschen, putzen (dabei den Strunk entfernen) und in kleine Würfel schneiden. Reis mit der doppelten Menge Wasser aufkochen und auf geringster Stufe ca. 20 Min. quellen lassen.

2. Putenfleisch klein schneiden und mit den Fenchelwürfeln und 40 ml Wasser auf kleiner Flamme ca. 15 Min. weich kochen.

3. Fenchel und Pute herausheben, mit dem Rapsöl zum Reis geben und alles fein pürieren.

# HÄHNCHENBRUST MIT AVOCADO UND TOMATE

Steckt voller Fitmacher

**Für 1 Portion:**

30 g Hähnchenbrustfilet
1 kleine Tomate
½ kleine reife Avocado

1. Hähnchenbrust in kleine Stücke schneiden. In 50 ml Wasser auf mittlerer Stufe ca. 15 Min. garen.

2. Tomate waschen, den Stielansatz entfernen und an dieser Stelle kreuzweise einschneiden. In kochendem Wasser 3 Min. blanchieren. Herausnehmen, abschrecken und häuten.

3. Avocado entsteinen. Das Fruchtfleisch auslösen und mit der gehäuteten Tomate zum gegarten Fleisch geben. Alles fein pürieren.

# RINDFLEISCH MIT GRAUPEN UND TOMATE

Bolognese mal ganz anders

**Für 1 Portion:**

50 g Perlgraupen
30 g Rinderhackfleisch
1 kleine Möhre (ca. 100 g)
1 TL Rapsöl
100 ml passierte Tomaten

1. Die Graupen in der doppelten Menge Wasser aufkochen und auf kleinster Hitze ca. 20 Min. garen. In der Zwischenzeit die Möhre putzen, schälen und fein raspeln.

2. Rapsöl erhitzen und das Hackfleisch darin scharf anbraten. Möhren zugeben und 5 Min. braten. Passierte Tomaten zufügen und alles weitere 5 Min. einkochen lassen.

3. Graupen abgießen und zum Fleisch geben. Alles fein pürieren.

# LACHS MIT KARTOFFELN UND ZUCCHINI

Steckt voller Omega-3-Fettsäuren

**Für 1 Portion:**

30 g Lachsfilet (ohne Gräten)
1 Kartoffel (ca. 80 g)
1 Stück Zucchini (ca. 50 g)
1 TL Rapsöl

1. Lachs abbrausen und trocken tupfen. Über heißem Wasserdampf in einem Sieb im geschlossenen Topf ca. 20 Min. dämpfen.

2. Die Kartoffel waschen, schälen und in kleine Würfel schneiden. Die Zucchini putzen und ebenfalls in kleine Würfel schneiden.

3. Kartoffelwürfel mit 50 ml Wasser aufkochen und ca. 12 Min. leise köcheln. Zucchini zugeben und weitere 5 Min. weich garen. Lachs mit Gemüse und Rapsöl fein pürieren.

# SPINATRISOTTO MIT FISCH

Reich an Vitaminen und Mineralstoffen

**Für 1 Portion:**

50 g Risottoreis
2 TL Rapsöl
100 g TK-Blattspinat
30 g Lachsforelle

1. Risottoreis in 1 TL Rapsöl anbraten und mit etwa 150 ml Wasser aufgießen. Unter Rühren ca. 15 Min. auf niedrigster Stufe quellen lassen. Spinat zugeben und weitere 5 Min. garen.

2. In der Zwischenzeit die Lachsforelle vorsichtig mit kaltem Wasser abbrausen und mit Küchenpapier trocken tupfen. Im restlichen Öl auf höchster Stufe von beiden Seiten ca. 5 Min. anbraten.

3. Den Fisch zum Risotto geben und alles fein pürieren.

Brei und Püree

**TIPP**

Kräuter geben Aroma: Wenn Ihr Baby es gern etwas herzhafter mag, geben Sie einfach ein, zwei Zweiglein frische Kräuter mit dem Lachs in das Dampfsieb (zum Beispiel Petersilie). Sie entfalten über dem heißen Wasserdampf ihr feines Aroma und runden so das Gericht ab.

# GUTE-NACHT-BREI

Kalzium satt

**Für 1 Portion:**

200 ml Vollmilch oder Folgemilch
20 g Grieß
4 EL Fruchtmus oder ungesüßter Fruchtsaft

1. Die Milch in einem kleinen Topf erhitzen. Den Topf vom Herd nehmen, den Grieß einrieseln lassen und mit dem Schneebesen gründlich verrühren.

2. Den Brei ca. 5 Min. quellen lassen und dann mit Fruchtmus oder Fruchtsaft verrühren.

# DINKELBREI MIT BANANE

Steckt voller Mineral- und Ballaststoffe

**Für 1 Portion:**

200 ml Vollmilch oder Folgemilch
20 g Dinkelflocken
½ reife Banane

1. Die Milch in einem kleinen Topf aufkochen. Dinkelflocken einrühren, den Topf vom Herd nehmen und die Flocken in der Milch ca. 5 Min. quellen lassen.

2. Die Banane mit einer Gabel fein zerdrücken und unter den Dinkelbrei mischen.

# VOLLKORNBREI MIT APFELMUS

*Ganz mild*

**Für 1 Portion:**

200 ml Vollmilch oder Folgemilch
20 g Vollkornflocken (Hirse, Dinkel)
2 EL Apfelmus (s. Seite 45)
1 Prise Zimt

1. Die Milch in einem kleinen Topf aufkochen. Den Topf vom Herd nehmen und die Flocken mit dem Schneebesen einrühren. 5 Min. quellen lassen.

2. Das Apfelmus über den Brei geben oder direkt mit dem Brei mischen. Nach Belieben mit einer Prise Zimt verfeinern.

# KOKOSMILCHREIS MIT ERDBEERMARK

*Glutenfrei*

**Für 1 Portion:**

80 g Milchreis
100 ml Vollmilch
100 ml Kokosmilch
100 g frische Erdbeeren (im Winter TK-Beeren)

1. Den Reis unter Rühren erhitzen, bis er glasig wird. Vollmilch und Kokosmilch angießen und den Reis darin einmal aufkochen. Anschließend 20 Min. auf kleinster Hitze quellen lassen.

2. In der Zwischenzeit die frischen Erdbeeren waschen und abtropfen lassen. Den Stielansatz entfernen und die Erdbeeren fein pürieren (TK-Beeren auftauen und ebenfalls pürieren).

3. Den Milchreis in ein Schüsselchen geben und mit der Erdbeersauce beträufelt servieren.

# APFEL-BANANEN-PÜREE

Kalium für die Nerven

**Für 1 Portion:**

½ süßer Apfel (z. B. Golden Delicious)
½ reife Banane

**1** Den Apfel gründlich waschen, eventuell schälen und das Kerngehäuse entfernen. Fruchtfleisch in Würfel schneiden und mit 50 ml Wasser in einem kleinen Topf ca. 10 Min. weich dünsten.

**2** Die Banane schälen und zu den Apfelwürfelchen in den Topf geben. Mit dem Pürierstab fein pürieren.

# APFEL-BLAUBEER-PÜREE

Entzündungshemmer

**Für 1 Portion:**

½ süßer Apfel
1 kleine Handvoll Blaubeeren (frisch oder TK, ca. 50 g)

**1** Den Apfel gründlich waschen, eventuell schälen und das Kerngehäuse entfernen. Das Fruchtfleisch in Würfel schneiden und mit 50 ml Wasser ca. 10 Min. weich dünsten.

**2** Die Blaubeeren in einem Sieb mit kaltem Wasser abbrausen, kurz abtropfen lassen und zu den Apfelwürfeln geben. Mit dem Pürierstab fein pürieren.

Brei und Püree

**TIPP**

Schnelles Apfelmus:
Für eine Portion einen süßen Apfel schälen, vierteln und das Kerngehäuse entfernen. Fruchtfleisch würfeln, mit 5 EL Wasser ca. 10 Min. weich dünsten und dann fein pürieren. Schmeckt auch mit Birne oder Nektarine.

# GETREIDEBREI – DAS GRUNDREZEPT

Hier steckt das volle Korn drin

**Für 1 Portion:**

20 g Getreideflocken (z. B. Dinkel, Hafer, Reis)
100 g Obstmus
1 TL Rapsöl

1. Getreideflocken in einem kleinen Topf mit 100 ml Wasser langsam zum Kochen bringen. Topf vom Herd nehmen und den Brei ca. 5 Min. quellen lassen. Dabei immer wieder umrühren.

2. Den Brei vor dem Servieren mit Obstmus verfeinern und das Rapsöl unterrühren.

# NEKTARINEN-DINKEL-BREI

Enthält viel Vitamin A und C

**Für 1 Portion:**

1 große Nektarine
20 g Dinkelflocken
1 TL Rapsöl

1. Die Nektarine waschen und entsteinen. Erst in Schnitze, dann in sehr kleine Würfel schneiden.

2. 100 ml Wasser in einen kleinen Topf geben, Dinkelflocken und Nektarinenwürfel zugeben und alles langsam zum Kochen bringen. Den Topf vom Herd nehmen und den Brei unter Rühren weitere 5 Min. quellen lassen. Zum Schluss das Öl unterrühren.

# BIRNEN-HAFER-BREI

Mit Milch statt Wasser ein toller Abendbrei

**Für 1 Portion:**

1 reife Birne
20 g Haferflocken
1 TL Rapsöl

1. Die Birne waschen, vierteln, schälen und das Kerngehäuse entfernen. Das Fruchtfleisch fein raspeln.

2. Birnenraspel und Haferflocken mit 100 ml Wasser aufkochen. Den Topf vom Herd nehmen und den Brei weitere 10 Min. quellen lassen, bis er schön sämig ist. Das Rapsöl untermischen.

# ERDBEER-DINKEL-BREI

Reich an Vitamin C und Folsäure

**Für 1 Portion:**

80 g frische, reife Erdbeeren (oder TK-Ware)
20 g Dinkelgrieß
1 TL Rapsöl

1. Die Erdbeeren waschen und den Stielansatz entfernen. Die Beeren mit dem Pürierstab fein pürieren.

2. 100 ml Wasser in einem kleinen Topf zum Kochen bringen. Den Grieß einrieseln lassen und unter Rühren zum Kochen bringen. Topf vom Herd ziehen und den Grieß ausquellen lassen.

3. Vor dem Servieren das Rapsöl untermischen und den Brei mit dem Erdbeerpüree mischen.

# MÜSLI-APFEL-BREI

Eisen, Zink, Magnesium für fitte Babys

**Für 1 Portion:**

70 ml Reismilch
3 EL blütenzarte Haferflocken
½ süßer Apfel
1 Prise Zimt

1. Die Reismilch in einem kleinen Topf erwärmen. Den Topf vom Herd nehmen, die Haferflocken einrühren und ca. 3 Min. quellen lassen.

2. Den Apfel schälen, vierteln und das Kerngehäuse entfernen. Das Fruchtfleisch fein reiben.

3. Den geriebenen Apfel unter den Brei rühren und die Mischung mit Zimt fein abschmecken.

# FRÜHSTÜCKSFLOCKEN MIT BANANE

Viel Eisen fürs Blut

**Für 1 Portion:**

3 EL Erdmandelflocken
5 EL Orangensaft
½ reife Banane

1. Die Erdmandelflocken mit dem Orangensaft verrühren.

2. Die Banane schälen, mit einer Gabel zerdrücken und mit den Mandelflocken mischen.

Erdmandelflocken (aus dem Bioladen oder Reformhaus) werden aus den Wurzelknollen des Erdmandelgrases gewonnen. Sie enthalten viel leicht verdauliches Eiweiß, reichlich wertvolle Mineralstoffe und einen hohen Anteil an ungesättigten Fettsäuren.

Brei und Püree

### TIPP

Sommerbeeren: Bananen haben das ganze Jahr über Saison. Im Sommer hat Ihr Baby aber vielleicht Lust auf Abwechslung. Dann mischen Sie ihm einfach ein paar zerdrückte Beeren (Erdbeeren, Himbeeren oder Heidelbeeren) unter die Frühstücksflocken mit Banane.

# REZEPTE

## Aufstriche

Apfel-Möhren-Aufstrich ................................. 52

Käse-Ei-Aufstrich ............................................ 52

Avocado-Bananen-Aufstrich ...................... 53

Himbeer-Chia-Aufstrich ............................... 54

Apfel-Orangen-Aufstrich .............................. 55

Aprikosen-Aufstrich ...................................... 56

Bananenmus ................................................... 56

Süßkartoffel-Aufstrich ................................. 57

Pikanter Spinat-Aufstrich ........................... 58

Deftiger Kartoffelkäse .................................. 59

# Aufstriche

## APFEL-MÖHREN-AUFSTRICH
Vitamin A für gute Augen

½ Apfel
½ Möhre
1 EL Joghurt
1 Tropfen Zitronensaft

**1** Den Apfel schälen, vierteln und das Kerngehäuse entfernen. Den Apfel fein reiben. Die Möhre putzen und ebenfalls fein reiben.

**2** Apfel und Möhre vermischen und mit dem Joghurt und dem Zitronensaft verrühren.

## KÄSE-EI-AUFSTRICH
Toller Kalzium- und Eiweißlieferant

½ hart gekochtes Ei
30 g Reibekäse (z. B. Gouda)
1 EL Frischkäse
1 TL frische Kresse

**1** Das Ei grob hacken. Mit geriebenem Käse und Frischkäse mischen. Nach Belieben mit etwas Kresse abschmecken.

**2** So kommt Abwechslung aufs Brot: Ersetzen Sie den Reibekäse durch klitzekleine Würfel vom gekochten Schinken.

# AVOCADO-BANANEN-AUFSTRICH

Gesunder Schokoaufstrich

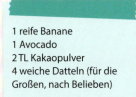

1 reife Banane
1 Avocado
2 TL Kakaopulver
4 weiche Datteln (für die Großen, nach Belieben)

**1** Die Banane schälen und das Fruchtfleisch in kleine Stücke brechen. Die Avocado halbieren, den Kern entfernen. Das Avocadofruchtfleisch aus der Schale herauslösen und zusammen mit den Bananenstücken in einem hohen Rührbecher mit dem Pürierstab cremig pürieren. Das Kakaopulver unterrühren.

**2** Den Aufstrich in ein sauberes Schraubglas füllen. Das Glas gut verschließen und im Kühlschrank aufbewahren, dort hält sich der Aufstrich 1–2 Tage.

**3** So schmeckt es den Großen: Der Aufstrich ist auch ein superleckeres Dessert. Einfach die Datteln mitpürieren und den Aufstrich mit frischen Beeren in kleinen Gläsern servieren.

Aufstriche

# HIMBEER-CHIA-AUFSTRICH

Mineralstoffreich

200 g Himbeeren
2 EL Chia-Samen

**1** Die Himbeeren verlesen, waschen, mit Küchenpapier trocken tupfen und in einem hohen Rührbecher mit dem Pürierstab oder in einem Standmixer sehr fein pürieren.

**2** Das Himbeerpüree in eine Schüssel umfüllen, die Chia-Samen dazugeben und alles mit einem Kochlöffel oder Schneebesen gut verrühren.

**3** Die Himbeermasse zugedeckt ca. 4 Std. im Kühlschrank quellen lassen, damit sie eine schöne Aufstrichkonsistenz bekommt.

**4** Dann den Aufstrich in ein sauberes Schraubglas füllen und das Glas gut verschließen. Den Himbeer-Chia-Aufstrich im Kühlschrank aufbewahren. Dort hält er sich maximal 4 Tage.

Aufstriche

# APFEL-ORANGEN-AUFSTRICH

Superfruchtig

2 kleine Äpfel (ca. 200 g)
1 Orange
1 Msp. Zimtpulver

**1** Die Äpfel schälen und vierteln, dabei jeweils das Kerngehäuse herausschneiden. Die Apfelviertel in ca. 1 cm große Würfel schneiden. Die Orange halbieren und den Saft auspressen.

**2** Die Apfelwürfel mit dem Orangensaft und dem Zimtpulver in einem kleinen Topf einmal aufkochen lassen. Dann die Mischung bei kleiner Hitze ca. 6 Min. köcheln lassen. Die Apfelmasse mit dem Pürierstab fein pürieren.

**3** Den Apfel-Orangen-Aufstrich in ein sauberes Schraubglas füllen und das Glas verschließen.

**4** Den Apfel-Orangen-Aufstrich abkühlen lassen und im Kühlschrank aufbewahren. Dort hält er sich maximal 1 Woche.

## Aufstriche

# APRIKOSEN-AUFSTRICH
Wertvolles pflanzliches Eiweiß

2 getrocknete Aprikosen
1 EL Erdmandelflocken
(aus dem Reformhaus oder
Bioladen)
1 EL Frischkäse

1. Die getrockneten Aprikosen fein zerhacken.
2. Mit den Mandelflocken und dem Frischkäse gut mischen.

# BANANENMUS
Reich an Kalium und Magnesium

½ reife Banane
1 EL Joghurt
3 frische Himbeeren oder
Kokosflocken (im Winter)

1. Die Banane mit einer Gabel zerdrücken und mit dem Joghurt mischen.
2. Je nach Jahreszeit und Belieben mit zerdrückten Himbeeren oder Kokosflocken mischen.

Aufstriche

# SÜSSKARTOFFEL-AUFSTRICH

Exotisch

1 Süßkartoffel (ca. 250 g)
1 kleine Zwiebel
2 EL Olivenöl
1 EL Erdnussmus
Gewürze (für die Großen, z. B. Salz, Pfeffer, Chilipulver)

**1** Den Backofen auf 200 °C vorheizen. Die Süßkartoffel schälen und in 0,5 cm dicke Scheiben schneiden. Die Zwiebel schälen und fein würfeln.

**2** Die Süßkartoffelscheiben und die Zwiebelwürfel in einer Auflaufform mit Öl mischen und im Ofen (Mitte) ca. 25 Min. backen.

**3** Süßkartoffeln und Zwiebeln mit dem Erdnussmus fein pürieren. Den Aufstrich in ein sauberes Schraubglas füllen und auskühlen lassen. Im Kühlschrank hält er sich ca. 1 Woche.

**4** So schmeckt es den Großen: Den Aufstrich nach Belieben scharf und würzig zubereiten. Dazu mit Salz, Pfeffer und Chilipulver würzen.

Aufstriche

# PIKANTER SPINAT-AUFSTRICH

Schnell

70 g Sonnenblumenkerne
1 TL Zitronensaft
3 TL Öl
125 g Baby-Blattspinat
1 Frühlingszwiebel
1 Knoblauchzehe
1 Msp. geriebene Muskatnuss
Salz, Chiliflocken (für die Großen)

**1** Sonnenblumenkerne, Zitronensaft, 2 TL Öl und 2 EL Wasser fein pürieren. Spinat putzen, waschen, abtropfen lassen. Frühlingszwiebel putzen, waschen, in feine Ringe schneiden.

**2** Im Topf 1 TL Öl erhitzen, Frühlingszwiebel dazugeben. Knoblauch schälen und dazupressen. Bei mittlerer Hitze ca. 3 Min. unter Rühren anschwitzen. Spinat unterrühren, zusammenfallen lassen. Mit Muskat würzen. Spinat mit Sonnenblumenkernmasse fein pürieren. In ein sauberes Schraubglas füllen. Gekühlt ca. 5 Tage haltbar.

**3** So schmeckt es den Großen: Den Aufstrich auf dem Brot mit Salz und Chiliflocken würzen.

Aufstriche

# DEFTIGER KARTOFFELKÄSE

Günstig

150 g festkochende Kartoffeln
125 g körniger Frischkäse (Hüttenkäse)
1 Msp. milder Senf
¼ Bund Schnittlauch
Salz, Pfeffer, frisch geriebene Muskatnuss (für die Großen)

1. Die Kartoffeln schälen und 1 cm groß würfeln. In wenig Wasser im geschlossenen Topf bei mittlerer Hitze in ca. 15 Min. gar kochen. Das Wasser aus dem Topf abgießen, die Kartoffeln auf der ausgeschalteten Herdplatte ausdampfen lassen und mit einem Kartoffelstampfer fein zerdrücken. Den Kartoffelbrei auskühlen lassen.

2. Hüttenkäse und Senf unter den Kartoffelbrei mischen. Nach Belieben Schnittlauch waschen, in sehr feine Röllchen schneiden und untermischen. Den Kartoffelkäse in ein sauberes Schraubglas füllen. Im Kühlschrank hält er sich ca. 4 Tage.

3. So schmeckt es den Großen: Den Kartoffelkäse mit Salz, Pfeffer und Muskatnuss würzen.

# REZEPTE

## (Haupt-)Gerichte

One-Pot-Pasta mit Lachs ......................... 62

Ricotta-Kräuter-Pasta .............................. 63

Couscousbratlinge mit Möhre .................. 64

Fenchel-Fleisch-Bällchen ......................... 66

Zucchini-Erbsen-Risotto .......................... 67

Fischfrikadellen ....................................... 68

Geschnetzeltes mit Kartoffeln ................ 70

Flammkuchen .......................................... 71

Kürbisfladenbrot und -pizza ................... 72

Sesam-Ofenkartoffeln ............................. 74

Ofengemüse mit Polenta ........................ 75

Süßes Sushi mit Beeren .......................... 76

Hauptgerichte

# ONE-POT-PASTA MIT LACHS

Schnelles Mittagessen

200 g Lachsfilet (ersatzweise TK-Lachsfilet)
2 Frühlingszwiebeln
200 g braune Champignons, (ersatzweise weiße Champignons)
250 g Brokkoli
1 EL Öl
200 g kurze Nudeln (z. B. Penne, Eliche)
400 ml Kokosmilch
400 ml salzfreie Gemüsebrühe
2 TL mildes Currypulver
1 TL edelsüßes Paprikapulver

**1** Das Lachsfilet in 3 cm große Stücke schneiden. Die Frühlingszwiebeln putzen, waschen und in feine Ringe schneiden. Die Pilze putzen, bei Bedarf mit einem Tuch abreiben und in feine Scheiben schneiden. Den Brokkoli putzen, waschen und in daumengroße Röschen teilen. Den Strunk schälen und in kleine Stücke schneiden.

**2** Das Öl in einem großen Topf erhitzen, Frühlingszwiebeln und Lachs darin bei mittlerer Hitze 2 Min. anbraten. Pilze und Brokkoli dazugeben und ca. 3 Min. mitbraten. Die Nudeln dazugeben. Kokosmilch, Gemüsebrühe, Curry- und Paprikapulver hinzufügen. Im geschlossenen Topf aufkochen und bei mittlerer Hitze 10–12 Min. köcheln lassen, bis die Nudeln gar sind. Dabei ab und zu umrühren und die letzten 5 Min. offen köcheln lassen. Die Kochzeit und die Flüssigkeitsmenge hängen von der Nudelsorte ab, gegebenenfalls länger kochen und mehr Brühe hinzufügen.

Hauptgerichte

# RICOTTA-KRÄUTER-PASTA

Exotisch

250 g Vollkorn-Fusilli
100 g Ricotta
100 g saure Sahne
50 g Kürbiskerne (ersatzweise Sonnenblumenkerne, Mandeln, Nüsse)
50 g Pinienkerne (ersatzweise Mandeln, Nüsse)
½ Bund glatte Petersilie
1 TL Olivenöl
Salz, Pfeffer (für die Großen)
Parmesan (für die Großen; oder Hefeflocken)

1. Die Nudeln nach Packungsanleitung in Wasser garen. Inzwischen Ricotta und saure Sahne glatt verrühren. Kürbis- und Pinienkerne in einer Pfanne ohne Fett rösten. Die Petersilie waschen, trocken schütteln und mit den Kernen sowie dem Olivenöl in einem hohen Rührbecher mit dem Pürierstab fein pürieren. Die Masse mit der Ricottamischung verrühren.

2. Die Nudeln in ein Sieb abgießen, dabei 100 ml Kochwasser auffangen und mit der Ricottamischung verrühren. Die Nudeln mit der Ricotta-Sahne-Sauce mischen.

3. So schmeckt es den Großen: Die Pasta nach Belieben kräftig mit Salz und Pfeffer abschmecken und mit geriebenem Parmesan oder Hefeflocken bestreuen.

## Hauptgerichte

# COUSCOUSBRATLINGE MIT MÖHRE

Günstig

100 g Couscous (ersatzweise vorgekochter Bulgur, Reis, Hirse oder nach dem zweiten Lebensjahr Quinoa oder Amarant)
1 Möhre
50 g Gruyère (am Stück)
½ Bund Petersilie
½ TL edelsüßes Paprikapulver
2 Eier (M)
4 EL Öl
Salz, Pfeffer (für die Großen)

**1** Vorbereiten: Den Couscous in einer Schüssel mit 180 ml kochend heißem Wasser überbrühen und 5 Min. quellen lassen. Inzwischen die Möhre putzen, schälen und fein reiben. Den Käse ebenfalls fein reiben. Die Petersilie waschen, trocken schütteln und sehr fein hacken.

**2** Formen: Möhre, Käse und Petersilie mit dem Paprikapulver und den Eiern zum Couscous geben und alles gut mischen. Aus der Couscousmasse mit leicht angefeuchteten Händen acht Bratlinge formen.

**3** Braten: In einer großen Pfanne 2 EL Öl erhitzen. Vier Bratlinge hineingeben und bei mittlerer Hitze ca. 5 Min. braten, dann wenden und auf der zweiten Seite ebenfalls ca. 5 Min. braten. Die Bratlinge herausnehmen und auf Küchenpapier abtropfen lassen. Die übrigen Bratlinge auf die gleiche Weise in der Pfanne mit dem restlichen Öl braten.

**4** So schmeckt es den Großen: Zwei Bratlinge für das Baby formen. Dann die restliche Couscousmasse vor dem Formen kräftig mit Salz und Pfeffer würzen. Dazu schmecken Kräuterquark und grüner Salat.

Hauptgerichte

## Hauptgerichte

# FENCHEL-FLEISCH-BÄLLCHEN

Herzhaftes Mittagessen

½ kleine Knolle Fenchel
120 g Möhren
400 g Rinderhackfleisch
1 TL mildes Currypulver
2 EL Öl
400 g passierte Tomaten
Salz, Pfeffer, Cayennepfeffer
(für die Großen)

**1** Fenchel und Möhren putzen, waschen und in grobe Stücke schneiden. Die Gemüsestücke in einem Blitzhacker zerkleinern oder mit der Gemüsereibe fein reiben. Das Gemüse mit dem Hackfleisch in eine Schüssel geben, alles mit Currypulver würzen und mit den Händen verkneten. Aus der Masse mit den Händen ca. 16 walnussgroße Bällchen formen und diese auf einen Teller legen.

**2** Das Öl in einer Pfanne erhitzen und die Fleischbällchen darin bei mittlerer Hitze rundherum 8–10 Min. anbraten. Die passierten Tomaten dazugießen und alles zugedeckt ca. 15 Min. köcheln lassen, bis die Tomatensauce etwas eingedickt ist.

**3** So schmeckt es den Großen: Vier Bällchen für das Baby formen. Dann die übrige Fleischmasse vor dem Formen pikant mit Salz, Pfeffer und Cayennepfeffer abschmecken.

**TIPP**

Dazu passen sehr gut Nudeln oder Reis.

**Hauptgerichte**

# ZUCCHINI-ERBSEN-RISOTTO

*Klassiker*

1 kleine Zwiebel
1 EL Öl
200 g Risotto-Reis
750 ml salzfreie Gemüsebrühe
1 Zucchino
100 g TK-Erbsen
20 g Gruyère
Salz, Pfeffer (für die Großen)

**1** Zwiebel schälen und sehr fein würfeln. Öl in einem mittelgroßen Topf erhitzen, Zwiebel darin ca. 6 Min. dünsten. Reis dazugeben und unter Rühren ca. 3 Min. dünsten. Ein Viertel der Brühe angießen und den Reis bei schwacher bis mittlerer Hitze ca. 35 Min. garen. Dabei nach und nach die übrige Brühe dazugeben und häufig umrühren.

**2** Inzwischen Zucchino putzen, waschen, längs halbieren und quer in feine Scheiben schneiden. Zucchino und Erbsen nach ca. 25 Min. Garzeit dazugeben und mitgaren. Käse fein reiben und am Ende der Garzeit unterheben. Topf vom Herd nehmen und das Risotto zugedeckt 5 Min. ruhen lassen. Die Babyportion entnehmen, das übrige Risotto für die Großen mit Salz und Pfeffer würzen.

**3** Das Risotto kann Stunden vorab zubereitet werden. Dann rasch abkühlen (z. B. im kalten Wasserbad) und kalt stellen.

**TIPP**

Fürs Baby zum leichten Greifen später mit dem Esslöffel Nocken formen.

# FISCHFRIKADELLEN

Kreativ

500 g TK-Kabeljaufilet (aufgetaut)
¼ Bund Petersilie
1 Msp. milder Senf
1 Ei (M)
2 EL Semmelbrösel
Salz, Pfeffer (für die Großen)
Cayennepfeffer (für die Großen)
4 EL Öl

Dip (für die Großen)
1 Bund Gartenkräuter
200 g Schmand
1 Knoblauchzehe
Salz, Pfeffer

**1** Den Fisch kalt abwaschen, trocken tupfen, grob würfeln und fein pürieren. Petersilie waschen, trocken schütteln, sehr fein hacken und mit Senf, Ei und Semmelbröseln zum Fischpüree geben. Alles gut mit einem Löffel vermischen. Für das Baby drei 2–3 cm dicke, 6 cm lange Stangen aus einem Teil der Fischmasse formen. Restliche Masse mit Salz, Pfeffer, Cayennepfeffer und evtl. mehr Senf würzen und zu sechs Bratlingen (à ca. 6 cm ø) formen.

**2** In einer großen Pfanne 2 EL Öl erhitzen. Hälfte der Bratlinge bei mittlerer Hitze ca. 5 Min. braten, wenden und auf der zweiten Seite ca. 5 Min. braten, bis sie gut durch sind. Übrige Bratlinge und Stangen ebenso braten. Stangen 10 Min. ziehen und abkühlen lassen.

**3** Für den Dip die Kräuter waschen, trocken schütteln und fein hacken. Mit dem Schmand, dem durchgepressten Knoblauch sowie etwas Salz und Pfeffer verrühren.

Hauptgerichte

Hauptgerichte

# GESCHNETZELTES MIT KARTOFFELN

Deftig

400 g festkochende Kartoffeln
1 Schweinelende (ca. 600 g)
1 Zwiebel
2 EL Öl
½ TL edelsüßes Paprikapulver
200 g Sahne
Salz, Pfeffer (für die Großen)

**1** Die Kartoffeln schälen und in 5 cm lange, 1 cm dicke Stifte oder Spalten schneiden. Mit wenig Wasser im geschlossenen Topf bei kleiner Hitze in ca. 20 Min. gar kochen.

**2** Vom Fleisch eventuell vorhandene Fettstränge abschneiden. Die Lende in 1 cm dicke Scheiben schneiden und diese halbieren. Die Zwiebel schälen und fein würfeln. Das Öl in einer Pfanne erhitzen. Zwiebel und Fleischstreifen darin bei großer Hitze ca. 4 Min. anbraten, dabei ab und zu umrühren. Mit Paprikapulver bestreuen und bei kleiner Hitze 4 Min. weiterbraten. Mit Sahne ablöschen und diese bei großer Hitze etwas einkochen, bis eine sämige Sauce entstanden ist. Kartoffeln abgießen und mit dem Geschnetzelten servieren.

**TIPP**

So schmeckt es den Großen: Die Babyportion abnehmen. Das übrige Geschnetzelte mit Salz und Pfeffer würzen. Dazu passen grüne Bohnen.

Hauptgerichte

# FLAMMKUCHEN
Vollwertig

Für ca. 4 kleine Flammkuchen:
300 g Vollkornmehl (plus Mehl zum Ausrollen)
100 g Zucchini
50 g gekochter Schinken
100 g Schmand
Salz, Pfeffer (für die Großen)

1. Mehl mit 100 ml Wasser und Salz verkneten. Den Teig 20 Min. ruhen lassen. Dann zu mehreren ca. 5 mm dicken Fladen ausrollen und auf ein mit Backpapier ausgelegtes Backblech legen.

2. Zucchini waschen, putzen, der Länge nach halbieren und in feine Scheiben schneiden. Schinken würfeln. Fladen mit Schmand bestreichen. Zucchini und Schinken darauf verteilen. Flammkuchen fürs Baby pur lassen. Für die Großen mit Salz und Pfeffer würzen. Im Ofen (200 Grad, Mitte, Umluft) 12–15 Min. backen.

## Hauptgerichte

# KÜRBISFLADENBROT UND -PIZZA

Herbstrezept

**Für das Brot**
400 g Hokkaido-Kürbis
4 Eier (M)
100 g gemahlene Mandeln

**Für den Belag**
1 kleiner Zucchino
125 g Mozzarella
1 Dose Mais (140 g Abtropfgewicht)
200 g passierte Tomaten
getrocknete italienische Kräuter (für die Großen)
Salz, Pfeffer (für die Großen)

Vorbereiten: Den Backofen auf 180 °C vorheizen. Ein Backblech mit Backpapier auslegen.

**2** Kürbismasse: Den Kürbis waschen, halbieren, entkernen und in 2 cm große Stücke schneiden. In einem Hochleistungsmixer zügig zerkleinern – der Kürbis soll fein geschreddert, nicht püriert werden. Alternativ den Kürbis mit der Gemüsereibe fein reiben. Die Kürbisraspel mit den Eiern und den gemahlenen Mandeln verrühren.

**3** Backen: Die Kürbismasse auf dem Blech ca. 6 mm hoch verteilen. Das Kürbisbrot im Ofen (Mitte) 25 Min. backen. Herausnehmen und auskühlen lassen. Das Brot in ca. 12 Stücke schneiden. Die Brotstücke können mit Brotaufstrich und Rohkost als Abendessen serviert werden.

**4** Pizza: Den Zucchino putzen, waschen und in feine Scheiben schneiden. Den Mozzarella abtropfen lassen und fein zerzupfen. Den Mais in ein Sieb abgießen und abtropfen lassen. Die gebackene Teigplatte mit passierten Tomaten bestreichen. Zucchino, Mais und Mozzarella auf der Kürbispizza verteilen und diese noch ca. 15 Min. backen.

**5** So schmeckt es den Großen: Die Tomaten mit italienischen Kräutern würzen. Die Pizza nach dem Backen noch mit Salz und Pfeffer würzen. Als Belag passen auch Salami, Thunfisch, Kapern oder alter Gouda.

Hauptgerichte

**TIPP**

Gemahlene Mandeln ersetzen hier das herkömmliche Mehl und zaubern ein glutenfreies Brot. Selbstverständlich eignen sich auch andere gemahlene Nüsse.

73

Hauptgerichte

# SESAM-OFENKARTOFFELN
Gesunde Alternative zu Pommes

500 g Kartoffeln
4 EL Olivenöl
100 g Sesamsamen
Salz, Pfeffer

**1** Die Kartoffeln schälen und in ca. 1 cm dicke Scheiben schneiden. Auf ein Backblech legen und mit Olivenöl beträufeln. Sesamsamen auf den Kartoffelscheiben verteilen. Einen Teil fürs Baby pur lassen, den Rest mit Salz und Pfeffer würzen.

**2** Die Kartoffeln im heißen Backofen (200 °C, Mitte, Umluft) ca. 30–40 Min. knusprig backen.

**Dazu passt eine schnelle Tomatensauce:**
1 EL Butter in einem kleinen Topf schmelzen. 3 EL Mehl einrühren und ½ Tube Tomatenmark dazugeben. Nach und nach 150 ml Sahne und 100 ml Gemüsebrühe aufgießen, bis die Sauce schön cremig wird. Mit 1 TL Zucker und für Größere mit etwas Salz und Pfeffer fein abschmecken.

# OFENGEMÜSE MIT POLENTA

*All-Time-Favorit*

1,7 kg Gemüse (Kürbis, Möhren, Kohlrabi, Zucchini)
2 EL Polenta (Maisgrieß)
½ TL gemahlene Kurkuma
½ TL getrocknete italienische Kräutermischung
½ TL edelsüßes Paprikapulver
4 EL Olivenöl

Für den Quark
½ Avocado
200 g Magerquark
1 Knoblauchzehe
Salz, Pfeffer (für die Großen)

1. Den Backofen auf 200 °C vorheizen. Das Gemüse putzen, waschen, ggf. schälen und in 4 cm lange, 1 cm dicke Stifte schneiden. Die Gemüsestifte in einer großen Schüssel mit Polenta, Kurkuma, Kräutern, Paprikapulver und Olivenöl mischen.

2. Ein Backblech mit Backpapier auslegen und das Gemüse großflächig ausbreiten. Im Ofen (Mitte) ca. 35 Min. backen.

3. Inzwischen für den Quark die Avocado entkernen. Das Fruchtfleisch herauslösen und in einer Schüssel mit einer Gabel zerdrücken. Den Quark unterrühren. Den Knoblauch schälen, dazupressen und alles verrühren. Etwas Avocadoquark für das Baby abnehmen. Für die Großen den Rest mit Salz und Pfeffer würzen. Übrig gebliebenes Ofengemüse ergibt mit einer Handvoll Nüssen püriert einen köstlichen Brotaufstrich für Kinder.

## Hauptgerichte

# SÜSSES SUSHI MIT BEEREN

Für Gäste

**Für den Milchreis**
350 ml Haferdrink (ungesüßt; ersatzweise Kokosmilch, Milch, Wasser oder Nussdrink)
100 g Milchreis
1 Msp. gemahlene Bourbon-Vanille

**Für den Crêpeteig**
100 g Mehl
100 ml Haferdrink (ungesüßt)
2 Eier (M)
ca. 4 TL Öl zum Backen

**Für das Obst**
1 Kiwi (oder 80 g Himbeeren)
½ Mango (oder 1 Banane)
100 g Erdbeeren (oder 80 g Heidelbeeren)
4 TL Cashewmus (oder anderes Nussmus)

**1** Reis und Crêpeteig: Für den Reis den Haferdrink in einem kleinen Topf aufkochen. Den Milchreis mit der Vanille dazugeben und zugedeckt bei kleiner Hitze 25 Min. quellen lassen, dabei gelegentlich umrühren. Für den Teig das Mehl mit dem Haferdrink glatt rühren. Die Eier einzeln unterrühren. Den Teig zugedeckt ca. 10 Min. ruhen lassen.

**2** Obst: Inzwischen Kiwi und Mango schälen, Mangofruchtfleisch vom Stein schneiden. Die Erdbeeren putzen und waschen. Kiwi längs halbieren. Erdbeeren, Kiwi, Mangofruchtfleisch in 0,5 cm dicke Scheiben schneiden. (Beeren verlesen, waschen, abtropfen lassen. Banane schälen und längs in vier Scheiben schneiden.)

**3** Crêpes backen: Den Teig durchrühren und nach und nach vier dünne Crêpes daraus backen. Dafür 1 TL Öl in einer beschichteten Pfanne erhitzen. Ein Viertel des Teigs (ca. 1 kleine Kelle) hineingeben und durch Drehen der Pfanne gleichmäßig verteilen. Bei mittlerer Hitze backen, bis er sich vom Pfannenboden löst. Dann wenden und auf der zweiten Seite fertig backen. Vor dem Backen der nächsten Crêpes bei Bedarf wieder etwas Öl in die Pfanne geben.

**4** Fertigstellen: Die Crêpes auf der Arbeitsfläche ausbreiten und jeweils im oberen Drittel mit je 1 TL Cashewmus bestreichen. Auf die unteren zwei Drittel je 80–90 g Milchreis geben, dabei am unteren Rand ca. 1 cm frei lassen. Den Milchreis mit den Händen leicht andrücken. In der unteren Hälfte auf den Milchreis einen breiten Streifen Obst schichten, dafür erst Mango, dann Kiwi und zuletzt die Erdbeeren übereinanderlegen. Die Crêpes von unten her mit leichtem Druck zusammenrollen, sodass eine Rolle entsteht. In 10–12 je 2 cm breite Stücke schneiden.

Hauptgerichte

# REZEPTE

## Fingerfood & Snacks

| | |
|---|---:|
| Linsenschnitten | 80 |
| Kichererbsenstangen | 81 |
| Spinatwaffeln | 82 |
| Mini-Pfannkuchen | 84 |
| Polentaschnitten | 85 |
| Hähnchen-Pastinaken-Nuggets | 86 |
| Kartoffelpuffer | 87 |
| Apfelwölkchen | 88 |
| Bananenmuffins | 89 |
| Beerenkekse | 90 |
| Mango-Kokos-Kugeln | 91 |
| Melonentorte | 92 |

*Fingerfood und Snacks*

# LINSENSCHNITTEN
Toll fürs Picknick

100 g braune Linsen
50 g Couscous
2 EL Tomatenmark
½ TL gemahlener Koriander
½ TL gemahlene Kurkuma
1 Ei (M)

Außerdem
Auflaufform (ca. 20 × 20 cm)

**1** Die Linsen mit 250 ml Wasser im geschlossenen Topf einmal aufkochen, dann bei kleiner Hitze in ca. 25 Min. sehr weich kochen. Inzwischen den Couscous in einer Schüssel mit 80 ml kochend heißem Wasser überbrühen und quellen lassen.

**2** Den Backofen auf 180 °C vorheizen. Linsen, Couscous, Tomatenmark, Koriander, Kurkuma und Ei gut mischen. Die Auflaufform mit Backpapier auslegen und die Linsenmasse darin ca. 1 cm hoch verstreichen. Im Ofen (Mitte) ca. 25 Min. backen.

**3** Herausnehmen und abkühlen lassen. Für Babys die gebackene Linsenplatte in 7 × 2 cm große Schnitten schneiden.

# KICHERERBSENSTANGEN

Snack mit Hülsenfrüchten

**Für die Stangen**
1 Glas Kichererbsen
(220 g Abtropfgewicht)
1 Stange Staudensellerie
1 Ei (M)
50 g Mehl
½–1 TL gemahlene Kurkuma

**Salsa (nach Belieben)**
3 Tomaten
1 EL Olivenöl
getrockneter Oregano

**1** Den Backofen auf 200 °C vorheizen. Ein Backblech mit Backpapier auslegen. Kichererbsen in ein Sieb abgießen, kalt abbrausen und abtropfen lassen. Sellerie putzen, waschen, grob zerkleinern und mit Kichererbsen in einem Standmixer zu einem grobstückigen Brei pürieren. In eine Schüssel geben. Ei mit einem Holzlöffel untermischen, Mehl darüberstreuen und alles zu einem feuchten Teig vermischen.

**2** Aus dem Kichererbsenteig mit angefeuchteten Händen nach und nach 16 ca. 6 cm lange Stangen formen. Die Stangen auf das Blech legen und im Ofen (Mitte) ca. 20 Min. backen. Herausnehmen und auf einem Kuchengitter auskühlen lassen. Die Stangen können auch eingefroren und bei Bedarf bei Raumtemperatur aufgetaut werden.

**TIPP**

Nach Belieben Tomatensalsa dazu reichen. Dafür die Tomaten waschen und klein würfeln, dabei entkernen. Fruchtfleisch ca. 5 Min. in einer Pfanne in Olivenöl andünsten und mit Oregano abschmecken.

Fingerfood und Snacks

# SPINATWAFFELN

Cleveres Vitaminversteck

200 g Baby-Blattspinat (ersatzweise 180 g TK-Blattspinat, aufgetaut und abgetropft)
50 ml Öl
3 Eier (M)
300 g Mehl
1 TL Natron
1 Msp. frisch geriebene Muskatnuss

Für die Großen
Salz, Pfeffer
Feta (Schafskäse)
Kresse, Radieschen, Kräuterquark

Außerdem
Waffeleisen
evtl. Fett für das Waffeleisen

**1** Teig: Frischen Spinat putzen, waschen und in einem Sieb abtropfen lassen. Den Spinat mit 100 ml Wasser und Öl im Standmixer fein pürieren. In eine Rührschüssel füllen. Die Eier nacheinander mit den Rührbesen des Handrührgeräts unterrühren. Dann die Masse ca. 2 Min. schaumig rühren. Das Mehl mit dem Natron und 1 Prise Muskatnuss mischen und rasch unter die Spinatmasse rühren.

**2** Backen: Aus dem Teig nacheinander sechs Waffeln backen. Dafür das Waffeleisen auf mittlerer Stufe vorheizen, bei Bedarf fetten. Pro Waffel ca. 3 gehäufte EL Teig in die Mitte der unteren Backfläche geben. Das Waffeleisen ohne Druck schließen und die Waffel ca. 3 Min. backen. Herausnehmen und auf einem Kuchengitter abkühlen lassen. Aus dem übrigen Teig auf die gleiche Weise nach und nach weitere Waffeln backen. Die Waffeln lassen sich sehr gut von Beikostanfängern greifen und halten.

**3** Für die Großen: Erst die Waffel für das Baby ausbacken, dann den übrigen Teig nach Belieben mit Salz und Pfeffer abschmecken. Die Waffeln für die Erwachsenen mit zerbröseltem Feta, Kresse und fein gehobelten Radieschen garnieren. Dazu passt Kräuterquark.

Fingerfood und Snacks

**TIPP**

Als Variante 200 g Rote Beten oder Möhren schälen, klein schneiden, mit Öl und 150 ml Wasser pürieren. Wie oben mit den übrigen Zutaten verrühren, statt mit Muskat mit 2 TL getr. Rosmarin bzw. Oregano würzen.

Fingerfood und Snacks

# MINI-PFANNKUCHEN

Im Spinat stecken viele Vitamine und Mineralstoffe

250 g Mehl
2 Eier
500 ml Milch
1 Prise Salz
3 EL Rapsöl
300 g frischer Blattspinat
200 g Lachsfilet

**1** Mehl, Eier, Milch und Salz verrühren. Den Teig 20 Min. ruhen lassen. Währenddessen Spinat waschen und ca. 4 Min. in 200 ml kochendem Wasser blanchieren. Herausheben. Lachs in einem Sieb über dem Spinatwasser ca. 10 Min. dämpfen.

**2** Im heißen Öl aus dem Teig 8 Pfannkuchen backen. Warm stellen.

**3** Spinat und Lachs pürieren. Pfannkuchen damit bestreichen (für die Eltern würzen), aufrollen und in Stücke schneiden.

### TIPP

Kinder lieben Pfannkuchen. Wenn es einmal schnell gehen muss, füllen Sie die Küchlein zum Beispiel einfach mit Apfelmus oder Fruchtpürees.

Fingerfood und Snacks

# POLENTASCHNITTEN

Fingerfood

200 ml salzfreie Gemüsebrühe
200 ml Haferdrink (ungesüßt; ersatzweise Milch oder salzfreie Gemüsebrühe)
125 g Polenta (Maisgrieß)
1 Lorbeerblatt
½ TL gemahlene Kurkuma
1 TL edelsüßes Paprikapulver
30 g geriebener Gouda
1 EL Öl
30 g geriebener Käse (zum Gratinieren, nach Belieben)

**1** Die Gemüsebrühe mit dem Haferdrink in einem Topf aufkochen lassen. Die Polenta mit einem Schneebesen zügig einrühren, Lorbeerblatt, Kurkuma und Paprikapulver unterrühren. Den Topf vom Herd nehmen und die Polenta 5 Min. quellen lassen. Den geriebenen Käse unterrühren.

**2** Ein Backblech mit Backpapier auslegen und darauf eine Fläche von 15 × 24 cm mit Öl einpinseln. Die Polenta auf das geölte Papier geben und mit einem angefeuchteten Esslöffel mit wenig Druck auf eine Größe von 15 × 24 cm (1,5–2 cm hoch) verstreichen.

**3** Die Masse ca. 15 Min. fest werden lassen. Zweimal quer und viermal längs durchschneiden, sodass 15 Stücke à 3 × 8 cm entstehen. Nach Belieben die Polentaschnitten zusätzlich mit 30 g Käse zum Gratinieren bestreuen und im auf 200 °C vorgeheizten Ofen (Mitte) 15 Min. überbacken.

Fingerfood und Snacks

# HÄHNCHEN-PASTINAKEN-NUGGETS

Fürs Picknick

350 g Hähnchenbrustfilet
250 g Pastinaken (ersatzweise Möhren)
2 Eier (M)
50 g feine Haferflocken
30 ml Öl
1 kleine Knoblauchzehe
Salz, Pfeffer (für die Großen)
geräuchertes Paprikapulver (für die Großen)

**1** Fleisch in ca. 0,5 × 1 cm große Stücke schneiden, dabei evtl. vorhandene Sehnen entfernen. Fleisch in eine Schüssel geben. Pastinaken putzen, schälen und grob reiben. Mit Eiern, Haferflocken und Öl zum Fleisch geben. Knoblauch schälen und dazupressen. Alles mit den Händen gründlich zu einer klebrigen Masse vermengen. Backofen auf 175 °C vorheizen. Ein Backblech mit Backpapier auslegen.

**2** Aus der Fleischmasse Nuggets formen. Dafür je 1 gehäuften TL Masse abnehmen und mit angefeuchteten Händen oval zusammendrücken. Sollte die Masse zu weich sein, noch Haferflocken unterarbeiten. Die Nuggets eng nebeneinander auf das Blech setzen und im Ofen (Mitte) in 20 Min. leicht knusprig backen. Dazu passen buntes Ofengemüse und Pommes.

### TIPP

So schmeckt es den Großen: Nuggetportion für das Baby formen. Restliche Masse mit Salz, Pfeffer und 1 Msp. Paprikapulver abschmecken.

Fingerfood und Snacks

# KARTOFFELPUFFER
Klassiker

600 g festkochende Kartoffeln
150 g Petersilienwurzeln (ersatzweise Möhren)
2 Eier (M)
80 g feine Haferflocken
1 EL Mehl
frisch geriebene Muskatnuss
4 EL Öl
Salz, Pfeffer (für die Großen)

**1** Die Kartoffeln schälen, grob reiben und in ein Sieb geben. Die Petersilienwurzeln putzen, waschen und ebenfalls grob reiben.

**2** Die Kartoffeln im Sieb gut ausdrücken. Kartoffeln, Petersilienwurzeln, Eier, Haferflocken, Mehl und 1 Prise Muskatnuss gut mischen.

**3** In einer Pfanne 2 EL Öl erhitzen und nach und nach Puffer bei kleiner bis mittlerer Hitze braten. Dafür pro Puffer je ca. 2 EL Kartoffelmasse mit den Händen ausdrücken, zu einem runden Laibchen formen und in der Pfanne auf jeder Seite in ca. 6 Min. goldbraun braten. Dabei immer wieder etwas Öl in die Pfanne geben.

### TIPP

So schmeckt es den Großen: Zuerst die Puffer für das Baby braten. Die restliche Kartoffelmasse kräftig mit Salz und Pfeffer würzen und anschließend Puffer daraus braten. Sie schmecken süß mit Apfelmark und Zimt oder herzhaft mit Kräuterquark und Gurkensticks. Dann mit Pfeffer und 1 Msp. Paprikapulver abschmecken.

Fingerfood und Snacks

# APFELWÖLKCHEN
Für unterwegs

100 g weiche Butter
2 Eier (M)
½ Vanilleschote
200 g Apfelmark (ersatzweise Birnen-, Aprikosen- oder Pflaumenmark)
100 g Apfel
200 g Dinkelmehl (Type 630)
2 TL Backpulver

**1** Den Backofen auf 175 °C vorheizen. Die Butter und die Eier in einer Schüssel mit den Rührbesen des Handrührgeräts schaumig schlagen. Die Vanilleschote längs aufschlitzen, das Mark mit einem spitzen Messer herauskratzen und zur Buttermasse geben. Das Apfelmark ebenfalls dazugeben.

**2** Den Apfel waschen, vierteln, entkernen und sehr fein würfeln. Apfelwürfel, Mehl und Backpulver zur Butter-Apfelmark-Masse geben und alles zügig mit den Rührbesen des Handrührgeräts zu einem homogenen Teig verrühren.

**3** Ein Backblech mit Backpapier auslegen. Den Teig mit zwei Esslöffeln zu 20 kleinen »Wölkchen« auf das Blech setzen. Die Wölkchen im Ofen (Mitte) 10–12 Min. backen. Herausnehmen und auf einem Kuchengitter auskühlen lassen.

Fingerfood und Snacks

# BANANENMUFFINS

Noch ein Klassiker

2 reife Bananen
2 Eier (M)
100 ml Milch (ersatzweise Haferdrink, ungesüßt; oder Wasser)
150 g Vollkorn-Dinkelmehl
1 TL Backpulver

Außerdem
Silikonmuffinform (12 Mulden, ersatzweise Muffinblech und Backpapier)

1. Den Backofen auf 180 °C vorheizen. Die Bananen schälen und in einer Schüssel mit einer Gabel zerdrücken. Die Eier dazugeben und alles mit den Rührbesen des Handrührgeräts schaumig rühren. Milch, Mehl und Backpulver dazugeben und alles sehr zügig zu einem homogenen Teig verrühren.

2. Acht Mulden der Muffinform leicht anfeuchten (bei Verwendung eines Muffinblechs dessen Mulden mit zugeschnittenem Backpapier auslegen – an handelsüblichen Papierförmchen bleibt der Teig oft hängen). Die Muffins im Ofen (Mitte) ca. 20 Min. backen. Herausnehmen, die Muffins vorsichtig aus der Form lösen und auf einem Kuchengitter auskühlen lassen.

*Fingerfood und Snacks*

# BEERENKEKSE
Für unterwegs

200 g Zucchini
1 reife Banane
30 g Olivenöl
1 Ei (M)
100 g feine Haferflocken
80 g Dinkelmehl (Type 630)
1 TL Backpulver
150 g Heidelbeeren

**1** Die Zucchini waschen und grob reiben. Die Banane schälen und mit einer Gabel fein zerdrücken. Zucchini, Banane, Olivenöl und Ei in einer Schüssel mit einem Schneebesen sehr gut verrühren. Haferflocken, Dinkelmehl und Backpulver dazugeben und alles zügig mit einem Teigschaber mischen. Die Heidelbeeren verlesen, waschen, gut abtropfen lassen und unter den Teig heben.

**2** Den Backofen auf 180 °C vorheizen. Zwei Backbleche mit Backpapier auslegen. Aus dem Teig mit zwei Esslöffeln ca. 20 Kekse auf die Bleche portionieren. Die Kekse blechweise nacheinander im Ofen (Mitte) ca. 22 Min. backen.

**3** Das Blech aus dem Ofen nehmen und die Kekse auf einem Kuchengitter auskühlen lassen. Gut verpackt halten sich die Kekse im Kühlschrank maximal 3 Tage. Sie können auch eingefroren und bei Raumtemperatur aufgetaut werden.

Fingerfood und Snacks

# MANGO-KOKOS-KUGELN

Gesunde Süßigkeit

50 g getrocknete Mango (ungesüßt)
75 g Walnusskerne
75 g Kokosraspel

Außerdem
Kokosraspel zum Rollen

1. Die Mango in einer kleinen Schale mit kochend heißem Wasser überbrühen und 30 Min. einweichen. Die Walnusskerne in einem Standmixer fein zerkleinern.

2. Die Mango abgießen, gut abtropfen lassen und zusammen mit den Kokosraspeln in den Standmixer zu den Nüssen geben. Alles in ca. 30 Sek. fein pürieren.

3. Aus der Kokosmasse mit angefeuchteten Händen ca. 20 Kugeln (à 2 cm ø) rollen. Die Kugeln nach Belieben in Kokosraspeln rollen, bis sie rundherum davon überzogen sind. Im Kühlschrank aufbewahrt halten sich die Kugeln ca. 1 Woche. Sie können auch eingefroren und bei Raumtemperatur aufgetaut werden.

Fingerfood und Snacks

# MELONENTORTE
Fruchtig

1 große, längliche Wasser-
melone (ca. 3 kg)
1 Kiwi
3 Aprikosen
1 Banane
125 g Himbeeren
125 g Heidelbeeren

Außerdem
Holz-Schaschlikspieß

**1** Melonenböden: Aus der Melone mittig drei große ca. 1,5 cm dicke Scheiben herausschneiden. Die Schale mit einem sehr scharfen Messer vorsichtig rundherum abschneiden. Eine Melonenscheibe auf einen großen flachen Teller legen.

**2** Tortenbelag: Die Kiwi schälen und halbieren. Eine Hälfte in dünne Scheiben schneiden. Die andere Hälfte zu einer Blume schneiden: Dazu je kleine Dreiecke oben aus der Schnittfläche schneiden. Die Aprikosen waschen, halbieren und entsteinen. Die Hälften in feine Spalten schneiden. Die Banane schälen und schräg in dünne Scheiben schneiden. Die Him- und Heidelbeeren verlesen, waschen und trocken tupfen.

**3** Belegen: Die Melonenscheibe mit Bananen, Kiwischeiben und Aprikosen belegen, dann die zweite Melonenscheibe daraufsetzen. Diese wieder mit Banane, Kiwi und Aprikosen belegen und mit der dritten Melonenscheibe abschließen.

**4** Verzieren: Aus dem restlichen Melonenfruchtfleisch die Zahl »1« ausschneiden. Den Schaschlikspieß erst durch die Zahl stechen, dann durch die Kiwiblume. Den Spieß in die Mitte der Torte stecken. Torte mit Aprikosen und Beeren verzieren. Gut abgedeckt kalt stellen und noch am Zubereitungstag essen.

## Fingerfood und Snacks

**TIPP**

Für Kreative: Für die Torte kann jegliches Obst verwendet und in vielerlei Formen angerichtet werden. Sollte die Torte nicht sofort gegessen werden, das Obst vorher mit Zitronensaft beträufeln.

# Register

**A**pfel-Bananen-
Püree .................. 44
Apfel-Blaubeer-Püree ..... 44
Apfel-Möhren-
Aufstrich ............... 52
Apfel-Orangen-
Aufstrich ............... 55
Apfelwölkchen ............ 88
Aprikosen-Aufstrich ....... 56
Avocado-Bananen-
Aufstrich ............... 53

**B**ananenmuffins ........... 89
Bananenmus .............. 56
Beerenkekse .............. 90
Birnen-Hafer-Brei ......... 47

**C**ouscousbratlinge
mit Möhre .............. 64

**D**inkelbrei mit
Banane ................. 42

**E**rbsen-Kartoffel-Brei ..... 35
Erdbeer-Dinkel-Brei ....... 47
Fenchel-Fleisch-
Bällchen ............... 66

**F**ischfrikadellen ........... 68
Flammkuchen ............. 71
Frühstücksflocken
mit Banane ............. 48

**G**emüse kunterbunt ....... 31
Gemüse mit Polenta,
Ofen- .................. 75
Geschnetzeltes mit
Kartoffeln ............. 70

Getreidebrei –
das Grundrezept ........ 46
Gute-Nacht-Brei .......... 42

**H**ähnchen-Pastinaken-
Nuggets ................ 86
Hähnchenbrust mit
Avocado und Tomate . 39
Hähnchenbrust mit
Kohlrabi und Reis ...... 38
Himbeer-Chia-
Aufstrich .............. 54
Hokkaido-Kräuter-Brei ... 32

**K**artoffelkäse, Deftiger .. 59
Kartoffelpuffer ........... 87
Käse-Ei-Aufstrich ......... 52
Kichererbsenstangen ..... 81
Kürbisfladenbrot
und -pizza ............. 72

**L**achs mit Kartoffeln
und Zucchini .......... 40
Lammfleisch mit Birne
und Süßkartoffel ...... 36
Linsenschnitten ........... 80

**M**ango-Kokos-Kugeln .... 91
Melonentorte ............. 92
Milchreis mit
Erdbeermark, Kokos- .. 43
Mini-Pfannkuchen ........ 84
Möhrchenbrei ............ 30
Möhren-Apfel-Brei ....... 30
Möhren-Brokkoli-
Kartoffel-Brei ......... 35
Möhren-Fenchel-
Brei ................... 32

Möhren-Kartoffel-
Brei ................... 34
Müsli-Apfel-Brei ......... 48

**N**ektarinen-Dinkel-
Brei ................... 46

**P**asta mit Lachs,
One-Pot- .............. 62
Pastinake-Spinat-Brei .... 31
Polentaschnitten ......... 85
Pute mit Reis und
Fenchel ............... 38

**R**icotta-Kräuter-Pasta .... 63
Rindfleisch mit Graupen
und Tomate ........... 39
Rindfleisch mit Süßkartoffel und Kohlrabi ....... 36

**S**esam-Ofenkartoffeln ... 74
Spinat-Aufstrich,
Pikanter ............... 58
Spinatrisotto mit Fisch ... 40
Spinatwaffeln ............ 82
Süßkartoffel-Aufstrich ... 57
Sushi mit Beeren, Süßes 76

**V**ollkornbrei mit
Apfelmus .............. 43

**Z**ucchini-Erbsen-
Risotto ................ 67
Zucchini-Kartoffel-
Brei ................... 34

# APPETIT AUF MEHR?

ISBN 978-3-8338-6851-1

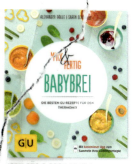

ISBN 978-3-8338-6463-6

ISBN 978-3-8338-6261-8

ISBN 978-3-8338-3986-3

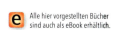
Alle hier vorgestellten Bücher sind auch als eBook erhältlich.

ISBN 978-3-8338-4020-3

ISBN 978-3-8338-2501-9

Mehr von GU auf www.gu.de und facebook.com/gu.verlag

## IMPRESSUM

© 2020 GRÄFE UND UNZER VERLAG GmbH,
Grillparzerstraße 12
81675 München
Genehmigte Sonderausgabe
Alle Rechte vorbehalten.

Nachdruck, auch auszugsweise, sowie Verbreitung durch Bild, Funk, Fernsehen und Internet, durch fotomechanische Wiedergabe, Tonträger und Datenverarbeitungssysteme jeder Art nur mit schriftlicher Genehmigung des Verlages.

**Satz, Lektorat & Herstellung:**
bookwise GmbH, München

**Bildnachweis:**
Cover: links oben: Sabrina Sue Daniels; rechts oben: Sabine Dürichen; links unten: Adobe Stock; rechts unten: Sabrina Sue Daniels.
Innen: Coco: S. 2, 18, 21, 22, 33, 37, 41, 45, 49, 71, 74, 84; Corbis: S. 4, 7, 15; Getty Images: S. 28, 60; Sabrina Sue Daniels: S. 50, 53, 54, 55, 57, 58, 59, 61, 62, 65, 66, 67, 69, 70, 73, 75, 77, 78, 80, 81, 83, 85, 86, 87, 88, 89, 90, 91, 93; Shutterstock: S. 10, 17; Zoonar: S. 24

**Druck und Bindung:**
Aumüller Druck GmbH & Co. KG in Regensburg